あんたはエライ！

あんたは エライ！

小松政夫

KOMATSU MASAO
ANTA WA ERAI!

さくら舎

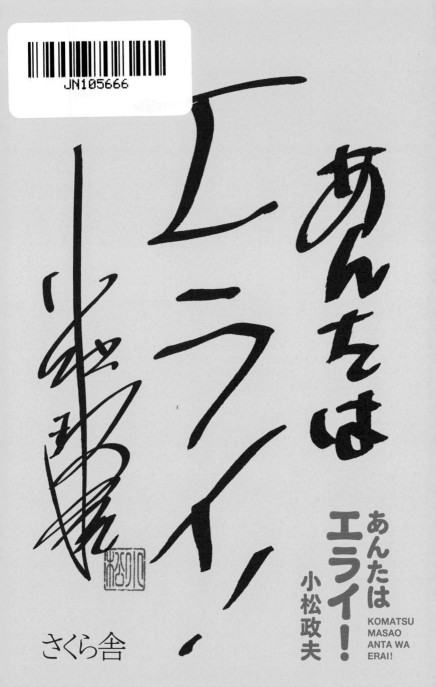

目次◉あんたはエライ！

第1部　日本一のひょうげもん！

第2部　日本一ののぼせもん！

第3部　日本一のセールスマン！

第4部　日本一のコメディアン！

あんたはエライ！

第1部　日本一のひょうげもん！

ランちゃ～ん

元人気アイドル・キャンディーズの伊藤蘭《いとうらん》ちゃんが四十一年ぶりに東京ドームシティホールでコンサートを開いた。

私は親しい芸能人であればあるほど、その人の舞台やコンサートの鑑賞に行けないのである。それはもの凄《すご》いエネルギーが必要で、楽しんで観ることができないのが本音である。

終演後楽屋を訪ねると、必ず「どうだった？」と聞かれる。だからのんびり観ていられない。だが蘭ちゃんの場合、どうしても行きたいと思った。私と蘭ちゃんはテレビ、バラエティ開幕時代の戦友だと思っているから……。

バラエティ番組「みごろ！たべごろ！笑いごろ！」で共演したキャンディーズは出色でありました。

人気絶頂の一九七七年（昭和五十二年）七月に「ふつうの女の子に戻りたい」と解散宣言して以降、コメディアンも真っ青で光り輝いていたのです。

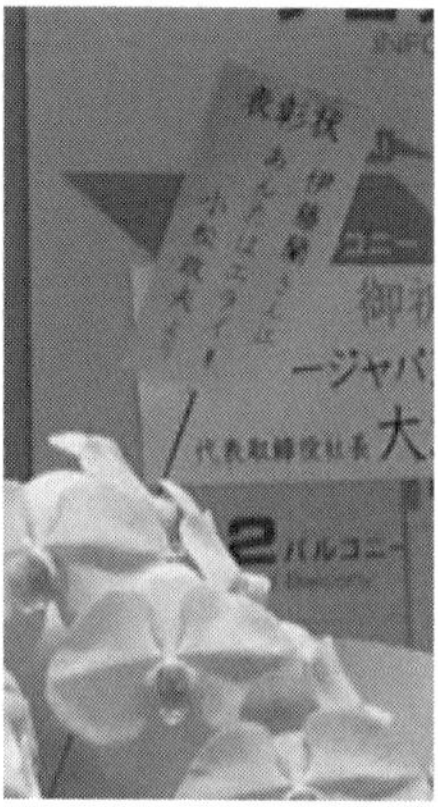

伊藤蘭との握手（上）と「表彰状札」の付いた蘭の花（右）

彼女たちは七八年四月の解散コンサートまで、番組内の「悪ガキ一家の鬼かあちゃん」のコントで解散を自虐ネタにした。伊《い》東《とう》四《し》朗《ろう》さんの母親、キャンディーズの伊藤蘭（ラン）、田《た》中《なか》好《よし》子《こ》（スー）、藤《ふじ》村《むら》美《み》樹《き》（ミキ）ちゃんと私が子ども役である。

ランちゃんがこけて泣き出すと、ミキ、スーちゃんが駆け寄って「私たちには時間がないのよ」「さあ泣きやんで、立ち上がるのよ」と励ますのである。

私と伊東さんが、「臭いなァ、クサイ芝居しやがって」とアドリブを飛ばしたり、三人の頭をシャモジで叩いたり、スカートをめくったり、ツッコミが日増しに過激になったが、アイドルとしての人気が絶頂に向かっているのに、どんなコントも嫌がらずに体当たりする姿は見事というほかありませんでしたね。

そして四十一年たった二〇一九年、六十四歳のランちゃんのショーが始まった。三千人入るホールは超満員、ほとんどの客は五十代、六十代のおじさんが主流、上品で重みのある照明とバンドとコーラスがプロのショーを感じさせる。

四十一年ぶりに見る、蘭ちゃん登場。場内拍手喝采《かっさい》！　早くも飛び出した「ランちゃ～ん」コールとお帰りなさいの声援。

蘭ちゃん第一声の言葉は「もちろん緊張しています」。白いブラウスがとてもノーブルで大人を感じさせた。

お待ちかね「春一番」「年下の男の子」、昔のままのキーだった。ただミニスカートではなく黒のロングドレスだった。私も叫んだ「ランちゃ～ん」……。

めったに他の友人の楽屋に行ったことがないのに、終演後訪ねた。大勢の人たちに囲まれていたランちゃんが私を見つけ、人垣を吹っ飛ばして走ってきた。

私たちは逆転ホームランを打った選手を迎えるように抱き合って、二人してピョンピョン跳びはねた。素敵だった、素晴らしかったと何度も伝えた。「ホント！　ホント！」と目が潤んでいた。

帰りがけロビーにひときわ人が集まり、写真を撮っていた。それは私が贈った蘭の花であった。

札には「表彰状、伊藤蘭殿　あんたはエライ！　小松政夫」。写真を撮っている何十人もの人たちに「小松さん、ありがとう」と言われた。

盛りそばとカツ丼

私が植木等《うえきひとし》師の付人《つきびと》兼運転手となったある日、初めてオヤジさんの唯一の趣味であるゴルフのお供をして運転した。朝早くのスタートで、「車の中で」と奥様お手製の鮭のおにぎり、魔法瓶の熱いお茶、私の分まで用意してあり感激した。

「昼は私のサインでクラブハウスで好きなものを食べなさい。自由に時間を潰《つぶ》せばいい」

私は三時間かけて洗車ばした。全身全霊でワックスばかけた。

「植木等のドライバーさん……」

プレーが終わり、玄関先へと呼び出しのあった。そこには同伴者とみられる政界、財界、

憧れの植木等師とのツーショット

芸能界の大物たちが植木等を見送っている。

　私は素早くトランクば開けバッグを積み込んだ……と、植木のオヤジさん「これはウチの松崎と申します。今に大スターになります。よろしくお見知りおきください！」

　たまげた！　私のために……。

「よ、よろしくお願いします！」

　パタンとドアを閉め、車が走り出した途端、

「オイッ松崎！　これは新車か？　ピカピカじゃないか、いつもの車か！　気持ちいいな、ケッケッケ」と高笑い！

　ただの運転手のためにあれだけの紹介をしてくれて、もう私の洗車ば誉めてござる。私はまだ一言もコメディアンになりたいとオヤジさんに話したこともない。

「松崎君、ここらに蕎《そ》麦《ば》屋があったら止めてくれ、メシ食っていこう」

「ハイ！」

こういう時、わたしは付人兼運転手で良かったなぁと思いました。

道路沿いのこざっぱりとした蕎麦屋に入りました。

「君はなんにする？」私はメニューを見るまでもなく「盛りそばをいただきます！」。

本当はどんぶり飯の二、三杯も食えそうなほど腹のすいとりました。ばってんが謙虚でおりたいとです。蕎麦屋なら「もり」、中華なら「ラーメン」と早うから決めとりました。

「そうか、もりもいいねぇ。じゃ俺は天丼とカツ丼な」

わぁ、芸能人て大食いなんやなぁ……とその時は思いました。

「いただきます」私はオヤジさんより早う食べ終わらなと蕎麦をすすってました。

オヤジさんは天丼だけを少し食べて「俺、二つ頼んだんだけど腹いっぱいになっちゃった。これお前食ってくれ」私のほうへすっとカツ丼ば押し出すオヤジさん。

「えっ？」

オヤジさんは素知らぬ顔で天丼ば食べてます。オヤジさんは最初から二つ食べる気は毛頭なかったとです。私の遠慮を知っての気遣いなんです。

「カツ丼うまいか？」

「ハイッ」

「うん、腹が減ってるときはイライラして碌《ろく》なこたあない、思考力もなくなる。腹が減ったらいつでも俺に言え」
ニコッと笑ったオヤジさんの目は……父親だった。

オソロシイのはオバ様の団体旅行……

中洲《なかす》四丁目の山笠《やまかさ》（やま）に若手五人が誕生した。お祝いに貰《もら》った下駄をそれぞれの胸に抱き「大人として認められたのがうれしいです！」と代表挨拶。この若手全員が中学生であった。微笑ましく思ってる間に涙があふれてたまらんかった。

反省会は新幹線で山口県の湯田《ゆだ》温泉で行われた。帰りに秋吉秋芳洞《あきよししゅうほうどう》を巡って歩いたが、さすが観光地、お年寄りでいっぱいであった。

ふと昔のことを思い出した。公演等で新幹線に乗って一番オソロシイのはオバ様の団体旅行に出くわす事でしたやね。こっちは帽子を目深にかぶったりして寝とるでしょう、すると突然帽子ばぱらっとめくられて「あー小松政夫だ！」てやられる。そしてサインしろの写真一緒に撮ろうなんて言わっしゃる。

そらあ悪い気はせんとですが、寝るどころの騒ぎじゃなくなってしまう。第一、周りに迷惑じゃないかとハラハラするとです。

伊東四朗さんの話は面白かった。

寝てるのをゆり起こされて「すいませんサインしてください！」。

目を上げると典型的な団体旅行のオバ様が三、四人。無理して起きて「ハイ、ハイどうぞ」。

長く多数の共演をしてきた伊東四朗とのＮＨＫドラマ「植木等とのぼせもん」収録でのツーショット

割り箸《ばし》の袋を開いた紙を差し出されて、書いて渡すと「すいませんこれ何と読むんですか？」。

伊東さん、さすがにムッとして「長谷《はせ》川《がわ》一夫《かずお》ですよ」。「あっやっぱりそうだ！」ですと……。

ある時新幹線のホームでその恐怖の七〜八人のオバ様グループとすれ違うたとです。目を合わせず気づかれずに済んだとほっとしてるとその中の一人が戻ってきた。

「松崎さんでしょ」って私の本名を言う。本名を知っている人は友人知人のはずだから、あれ誰だっけかなと「あ、ハイ、えーと」。一瞬考えていると、

「わあっしばらくでした。お元気そうで何よりです。いつもテレビ見てます！　良かったですね」

……まったく思い出せないで目を白黒させていたら、

「じゃ頑張ってくださいね。主人も松崎さんがテレビに出るたび気にしてるんですよ。ガンバって！　さようなら」何度もおじぎをしながら行ってしまった。

列車がホームに入ってきた。その途端ハッと思い出したとです。セールスマン時代真夜中に押しかけて行って現金で頭金まで頂いて……条件は週一度お宅に伺って食事をする事、と車を買ってくださったあの大久保さんの奥様だと！

リーンと発車のベルが鳴ってる中をこっちのホームからあっちのホームまで走って走って！　列車の中もくまなく探したとですが……。

もう残念でね、もっと早く気づいていたら。大事な恩人に若い時のお礼が、まともなご挨拶ができたのに心残りで……。

笑って笑って「花婿が泣いた結婚式」

「私のこれまでの軌跡の中で一月が一番感慨深い出来事があった。一月十四日は私と家内の結婚記念日、五百人もの方々に祝福していただき、その中でも吉永小百合《よしながさゆり》さんのスピーチが忘れられない」と書いたところ、意外な反響があった。

「どげなスピーチばさっしゃったと？」である。

やっぱり吉永小百合さんは今も昔も大スターですたいね。よござす、昭和五十一年一月十四日、東京プリンスホテル鳳凰《ほうおう》の間を思い出し思い出し、綴《つづ》ってみまっしょう。

私が一目惚れした旧姓・斎藤朋子を植木等ご夫妻に紹介した。

奥様曰く「こんなきれいな人が現れるまで結婚しなかったのネ」。

私は派手なことが嫌いなオヤジさんを知っているから「式は質素に親類縁者で近所の神社で挙げようと思います」と言うとオヤジさん、

「バカ云うんじゃない、小松政夫のお披露目だ。大勢の人に祝ってもらいなさい、仲人は私がやる」

松崎雅臣（私です）三十四歳、朋子二十七歳。私は紋付袴《もんつきはかま》、家内は文金高島田《ぶんきんたかしまだ》。主賓のハナ肇《はじめ》氏、「えー、私がハナ肇でございます！」と大音声《だいおんじょう》！

次に私の恩人、「シャボン玉ホリデー」の秋元近史プロデューサー「えー、私があきもとでございます！」

谷啓《たにけい》氏、「えー、私が谷啓でございます！」。

クレージーキャッツ全員が「えー、私が……」と続き、場内大爆笑。

さて、わが小百合さん、スピーチに立つと場内から「オーッ」とため息が漏れた。

小百合さんはニッコリ微笑んで、

「小松ちゃんは、ドイツ製の鉛筆削りみたいな人です。ドイツ製の鉛筆削りには握りにピエロが付いています。小松ちゃんも、面白くて良く切れる人です」

拍手喝采でありました。私は早くも涙があふれそうになった。

伊東四朗さん「希代のプレイボーイも遂に陥落しましたか」ですと。

ジェリー藤尾《ふじお》さん「小松ちゃんがおならをしたら、朋子さんが飛んできて『お見事！』と言わせるらしい」。

ショーケンこと萩原健一《はぎわらけんいち》さんと、ジュリーこと沢田研二《さわだけんじ》さん。二人が並んでのスピーチに場内が沸いた。ジュリーとはデビュー以来の友人で、今も月に一度飲み会をやっている。ケーシー高峰《たかみね》師匠……エッチすぎるのでまたの機会に……。

田中邦衛《たなかくにえ》さん「あの……オメデト……」で降りちゃった。一人だけジャンパーと細身のジーパンだった。

三波伸介《みなみしんすけ》さんの祝電は凄かった。

「コマツチャン、オレワウレシイ。オレワウレシイ……」なんと、五十回も「俺は嬉しい」が書いてあった。

お開き口の金屏風《きんびょうぶ》の前に立つと、青島幸男《あおしまゆきお》、大橋巨泉《おおはしきょせん》、梅宮辰夫《うめみやたつお》、中村《なかむら》メイコ、凄い人たちが「オメデトウ」と……。

私は必死に涙をこらえていた。横にいたオヤジさんが私にそっとハンカチを握らせてくれた。

こらえていたものがドッとあふれ出た。「ウオ〜〜〜」スポーツ紙や週刊誌に同じ写真が出た。

曰く、「花婿が泣いた結婚式」。

「三股急須」復元

私は、僭越《せんえつ》ながら「日本喜劇人協会」の十代目会長を仰せつかっておるとですが、まことに名誉に思うとります。

歴代の会長すべてとお仕事をさせていただきました。

初代のエノケンこと榎本健一《えのもとけんいち》先生、二代目柳家金語楼《やなぎやきんごろう》、三代目森繁久彌《もりしげひさや》、四代目曾我廼家明蝶《そがのやめいちょう》、五代目三木《みき》のり平《へい》、六代目森光子《もりみつこ》、七代目由利徹《ゆりとおる》、八代目大村崑《おおむらこん》、九代目橋達也《はしたつや》の先生方……。

昭和の喜劇王の歴史みたいな方々ですたいね。

エノケン先生には、私の出世作、昭和四十三年に始まった「今週の爆笑王」に出演していただいた。何しろ司会のこの私が不慣れであがって空回りや噛《か》んだりで、ちょっと挫《くじ》けていた時、エノケン先生、

「ここで生きていくってツライだろう？　でもここで生きていく以上は努力しなくちゃダ

メなんだ」

あのダミ声で独り言みたいに言わっしゃった。エノケン先生は私の司会進行をジーっと見ていてくださったとです。

間を取るのも相手を泳がせるのも、心に余裕を持つのもコメディアンの努力なんだってね。

二代目会長の金語楼師匠。私の司会のレギュラーで毎回楽屋にご挨拶に行くと、必ずお弟子さんがお茶を師匠と私に淹《い》れてくださる。

そのお茶が美味《おい》しくってね、よく見ると急須が二股になっていて、茶碗を二つ並べると器用に均等にお茶を注いでいる。

それが気になって「師匠、あの急須は二股ですよね？」。仕事の本番以外ニコリともしない師匠が、急に漫画みたいなニッコリ顔になって、

「おっ、小松君、よく見てるねー！」

「ええ、この急須だとお茶が美味しくなるんでなぜかなぁと思って」

「だろ、だろ、だろ～！　アレはボクの発明で、二股急須っていうんだ」

金語楼師匠は発明家としても有名であり、今も一般に多く知られた発明品が残っている。

運動会のリバーシブルの帽子とか、爪楊枝《つまようじ》の根っこの切り込みを折ると箸置きみたいな小さな楊枝置きになるのが最大のヒットらしい。

「夜中にお金を拾いやすい、電球付きの革靴はダメだったなー」

どげな靴やったっちゃろうか？

日頃、師匠は「家なし金なし仕事なし」といつも言っていたが、今でも特許料の入ってきよっちゃーじゃなかろうか。

その急須を押し頂いた。家内は真剣にお客様用にずーっと素焼きの二股急須を愛用してお客の前で披露しとりましたが、割れて使用不能になりました。今から四十年も前の話です。

この話を最近、博多のマネージャーこと柳智《やなぎさとし》さんに話すと大笑いして、私に内緒でこっそりと柳さんと親しい耶馬渓焼《やばけいやき》当主・吉村功師によって復元された。素焼きのそれと違って、丁寧に箱に収められた作品は美しかった。吉村師が言わっしゃった。

二個並べた湯飲みに注ぐ口の角度をどうするかで悩んだそうな。一度のお湯で変わらない濃さのお茶が出る。いやあ、ご苦労かけました。うちの家宝にします。

たくさん笑って、ほろり

久しぶりに博多座公演にお誘いをいただいた。今、人気沸騰《ふっとう》の博多《はかた》華丸《はなまる》さん座長の「めんたいぴりり」。

いやぁ、大いに誉めてやってんなっせ！　めんたい作りに没頭する、爽やかで熱血の博多っ子を力演しとんしゃあ。

楽屋内の礼儀正しさも感心する大物の器ですばい。奥さん役の酒井美紀さん大熱演、慣れない博多弁もなんなくこなし、声も嗄《か》れよと絶叫する、そして優しい博多のごりょんさんを演じ切る。

また、作・演出の東憲司さんの演出も見事で、音楽、照明、転換、細部にわたる目の凝らしよう。

私？　ちなみに、東さんは福岡高校の後輩にあたり、（えこひいきで）自由にやりたいごとやらせてもろうてます。

今回の芝居は、感動のサクセスストーリーですが、私は上質の喜劇だと感じとります。私が植木等の付人時代のある公演を思い出しました。

「君が面白いと思う俳優さんが出てる時は、私のそばにいなくていいから。その人の舞台をよく見るといいよ。面白いと感じるのは感性に合っているということだから」と言ってくれました。

「好きこそものの上手なれと言うだろう、でも、芝居が好きだからって全員が役者になれるわけでもない。努力がなくちゃいけないよ」

こう言われたことがありました。

私が思う喜劇は、笑いの後に必ず涙があるもの。ニコニコ笑って明るく振る舞ってる人が、胸には深い悲しみを秘めていることもある。人間のそういう事実を描くのが喜劇じゃなかろうかと思うとです。

心の深さやら厚みやらが客席と共有できた時、本当に良いものが生まれるのではないでっしょうか。

それには優しさやら信頼、共感が不可欠ですたいね。「喜ぶ劇」「喜ばれる劇」と書くのですから。

たくさん笑って、ほろりとする。これからもそういう芝居ば続けたいと今回の博多座でつくづく思うとります。

久しぶりに博多に長逗留《ながとうりゅう》。宿泊のホテルオークラさんの一室でいろんなニュースが飛び込んできた。

新元号が「令和」に決まったこと。ロッケンロールの内田裕也《うちだゆうや》氏の没。感慨深いものがある。

仲良しだった樹木希林《ききききりん》さんに、東京六本木のコンクリート打ちっぱなしの新築豪邸に招かれたことがあった。

モダンな部屋〳〵を案内され、その部屋の一室を「まだ来たことのない主人の部屋」と見せてくれたこと。シャワールームまで付いていたその部屋を今でも鮮明に覚えている。

その希林さんも今は亡い。そしてショーケンこと萩原健一さんの没。彼とは「前略おふくろ様」でずーっと一緒だった。

博多の楽屋に何本もの電話取材が来たが、私は彼との付き合いの内で答えたくなかったので断った。だが一局だけ意外な話を切り出され応じた。それは彼の自伝に私のことを誉めてあるというのだ。

私はこう伝えた。

「ギラギラとした個性的なひらめきを強く持っていた人。役者としてはユニークで、セオリー通り芝居はしない人、大変驚きましたね。ただでは死なない、と思っていましたから……」

全国乗り打ち興行の旅

今、私は旅の空、広島市のホテルの一室で、原稿を認《したた》めている。いやあ、まいった、まいりました。

三月の博多座公演から始まって、ある企業の「熊谷真実《くまがいまみ》一座　旗揚げ公演」の全国巡演の最中である。

「めんたいぴりり」が四月二十一日に終わり、三日間東京の我が家に帰り、そのまま大阪で一週間の稽古の後、二カ月の全国乗り打ち興行の旅に出たということであります。

真実ちゃんからの「出てほしい」との一言で、二つ返事で引き受けたものの、一部「小松政夫ショー」、二部「現代劇、煙が目にしみる」、三部「おくまと鉄之助」の三部構成の、九州鹿児島から大阪まで全二十公演が始まったのであります。

ホテルで原稿を執筆中

私はテレビよりも、映画よりも舞台が大好きで、それこそ板（舞台）の役者で果てたいと思っているが、今回はキツカですばい。

ばってん、二〇一八年の博多ガスホールで演じた「マサ坊演芸会」での相棒、入山学君の司会で、しょっぱな「ワオー」と電線音頭で舞台に飛び出すと、毎回二千人は入る大ホールから、万雷の拍手と悲鳴に似た掛け声がかかる……。

この一瞬で、じいさん生き返る。私のことをまだ覚えてくださっているのか……死ぬ気で張り切りよります。

さて、熊谷真実ちゃんとの付き合いは、私の記憶では四十年くらいになるかな。彼女の出世作、ＮＨＫの朝のドラマ「マー姉ちゃん」で初めて共演したことをよく覚えている。

そして一九八〇年代には今は亡き愛川欽也《あいかわきんや》さんが楠田枝里子《くすだえりこ》さんと司会をしていた、フジテレビの人気クイズ番組「なるほど！ザ・ワールド」でレギュラーで解答者コンビを組んで、私が作ることもなくボケになり、真実ちゃんがつっこみ、大変受ける外せないコンビとなった。

その時のフレーズは「私はただ、マミちゃんが解答しやすい環境を作ってやるのみれす……」。これが大当たりだった。

また、二人だけのユニホームを作ろうと自前で揃いの服を作ってもらったりした。北海道のラジオで二人きりでのドラマで何年もの付き合いもあり、小作品の舞台もいくつも一緒した。

そのたびに思ったのは、明るく爽やか、人情味あふれる行動力。疲れたなどと私が言うと、ビタミン剤をさっと買ってくる気遣い、なんとも恐れ入る。

役者根性もすごい。五社英雄《ごしゃひでお》さんの初の舞台演出で渋谷の西武劇場で「スプレイ」という過激な芝居に出演して、早乙女《さおとめ》愛《あい》さんと真実ちゃんともう一人の、女性三人が共同生活している家に私が忍び込み、グラマラスな早乙女さんを襲おうとして逆に捕らえられる、というシリアスな芝居をやったのです。

その後「スプレイ」が好評で再演することとなったとき、真実ちゃんがどうしても早乙女さんの役をやりたいと粘り、妖艶《ようえん》な女性を演じることとなり、私のほうが動揺したことを覚えている。今や立派な座長だ。どんな事でも陰から支えたい。

明日は広島です。死力を尽くします。

ハッピーに解消したとです

約一カ月半の地方巡業の公演が終わった。大阪で一週間の稽古から始まって、九州一周、四国四県、山口県、広島県……大阪へ戻って千秋楽。文字通り、日本半周の大公演。このジイさんの身体のもつやろうかが心配だったが、乗り切りましたばい！

毎日違う地方で夜めしば食うとです。それも早くて夜八時、九時。開いてる店は居酒屋ばっか。サインを求められたら、酒かるた。「旅は道づれ、夜はお酒」あははは……。とは言っても、翌朝はホテルを十時出発。ちびーと飲んで、ひたすら健康管理。自分で自分を誉めてやった。

「あんたはエライ!」と……。なんか私、浮いてるな。そう、この旅で小学生の頃からの、心の奥底に引っかかっていたことが嬉しく、ハッピーに解消したとです。

父がPTAの会長であったからか、昔あった管弦町から六本松まで、城南線で電車通学をした草ヶ江小学校。一年生から五年生くらいまで運動会やお遊戯会で必ずパートナーになる女の子がいた。

どうしてというくらいに、毎年その子と手をつないだり、決めのポーズで肩越しに笑いあったりした。〝ちんから峠〟もそうだった。〝オクラホマミキサー〟もそうだった。〝ぎんぎんぎらぎら〟もそうだった。

その子はちょっと小太りでオカッパ頭の、色浅黒い眉がハの字の、はっきり言って、オッペシャンだった。私だって好きな女の子と踊りたい。私はあからさまに嫌な顔をしていた。

練習が終わると二メートルも離れてうずくまって、天の采配を嘆いた。それほどいやだった。

だが、その小学生時代のことを、なぜか忘れずこの歳まで、ずうーっと悪いことをしたと思っていた。これは今で言う苛《いじ》めではないかと……。ところが今回の旅で、神戸文化ホールで解決した。

「私を覚えていますか？」

白髪を後ろで結い、品の良い和服が似合う女性が楽屋を訪ねて来た。

「あーッ！」紛れもないオッペシャンだった。

「や、山下さん！」

浅黒かった顔は皺《しわ》一つなく、透き通るほど美しかった。さなぎが蝶になっていた。

「ご活躍、いつも応援させていただいております」「うわー、逢いたかったぁ」「覚えておいでですか？　嬉しい！　そうそう、運動会でいつもあなたと一緒でしたネ！」

ズキンときた。

「私はクラスの人気者のあなたが大好きで大好きで、また今年もご一緒できたと、嬉しくて嬉しくて……」

ハンカチを取り出して泣き出しんしゃった。

「な、なんば、いうとですか……。私も……わたしも……」

私もなんなと……思った。

どちらからともなくハグした。私の涙が着物を汚さないかと思った。歳をとるのも悪くないなと思った。

終演後、移動のバスに乗り込んだ時、山下さんがファンに交じって腰のあたりで小さく手を振った。

えーい！　手一本！

七月十五日早朝四時五十九分、櫛田《くしだ》神社の境内。「三十秒前！」アナウンスに身動きできないほどの見物の人たちがざわめく。

一番山笠の舁《か》き手は緊張に包まれる。締め込み水法被《みずはっぴ》姿の男たちは舁縄《かきなわ》を棒にかけ、肩の位置を確かめて前方を見据える。

カッと目を開く者、何を思うのか瞑想《めいそう》する者……このときの男たちの顔！　みんな素晴らしい。男らしく素敵で凛々《りり》しい。私はこの輝きを見ると全身が総毛立つ。ドーン！ドーン！ヤァー！オイサッオイサッ！　一番山笠の櫛田入りだ、担う誰もがこの日のために、この一瞬のために生きてきたといっても過言ではない。

清道《せいどう》を廻った所で一旦止まると、一番山笠だけに許された「博多祝い歌」を群衆と共に大合唱。

〽祝い目出度《めでた》ァの若松様～よ、若松様～ぁよ……。

あーもうたまらん！　私はこの場に来ると涙が出る。必ず泣く、嗚咽《おえつ》が号泣《ごうきゅう》になる、そして叫ぶ、

「博多のあるけん山笠たい！　やまのあるけん、博多たい！」

いやァ、なんかレポーターのごたあ書き出しになってしもうてすんまっしぇん。何とか博多の男の美学ば伝えたいと思うて力の入りましたやね。

博多を離れてからも山笠の風に吹かれたくて、この時期スケジュールをやりくりして帰郷しとりました。

三十歳の半ばごろ、川端通りの手嶋さんのお宅でお世話になりました。

十四日の頃でしたかね、奥の部屋で旦那さんが奥さんの手ば借りて締め込みばしござったとです。

と、奥さん「ハイ小松さん！　締め込みばしまっしょう」「はあ？」いきなりで驚いたのなんの。

「パンツば脱いでこっち来んしゃいと」「ワ、ワタシはコ、コンカイは出らんと……で」「せっかく来たっちゃけん、締め込みして女《おな》ごばブイブイ言わせなっせ」バッテン……。

やっと脱いで、まあ、ナント言うか両手でですな、隠すというか……。「ハイ！　パーッと」パチンと手を叩かれました。

「パンツの上から締め込みしたらアメリカの相撲のごとなるでしょうが」ボソボソとつぶやきながら、その手は止まる事がない流れるような手さばき、まさに職人技！　あっという間に実にキリリとした山のぼせが出来上がったとです。

旦那さんのほかに高校生のお兄ちゃんと中学生の弟さんののぼせば一人で切り盛りしござったとです。

山は男の祭りと言う人は多く、むろん男が中心やけど、女の山笠もあると思うとです。

直会《なおらい》（祭事後の共飲共食儀礼）にしてもごりょんさんたちの協力が必要だし、勢い水で濡れた法被や締め込みを乾かさないかん、旦那が山笠に出とうときは留守を、家庭を預かるのは女性だ。

それに山笠の男の格好よさは誰に見せるとな？　女ごでしょうもん！

ああ、山笠は奥の深か……書き切れん。

えーい！　手一本！

赤手拭《あかてのごい》なら顔ば見んでも結婚許す

オイサッ！オイサッ！　必死に走っていた。

二〇〇九年（平成二十一年）の山笠である。並走していた同級生の毛利君は「参ったら参ったって言いんしゃい、そしたら〝横ばん〟切っちゃあけん！」横ばんとは近道という意味である。

「なんがなぁ、あんたは糖尿のおいしゃんやないな、誰があんたに負けるな！」

その横のサンフランシスコ在住の、三十年もこの山笠時期博多に通いつめている六十五歳の清水昇君も私の顔を見た。なんかしらん涙の出た。病を抱えている毛利君が真剣に走っている。そんな友と仲間との共有する時間、なんやろうか？　博多におらな、山笠に出らなわからん。〝勢い水〟が顔にザブンとかかり、涙を洗い流してくれた……。

博多を離れて五十年近く、今年ほどどっぷりと山笠に浸ったことはない。私は昔、岡《おか》流《ながれ》に属していた。しかし残念なことに昭和四十一年（一九六六年）に消滅した。それ以来、博多二中の友人が多い中洲流《なかすながれ》四丁目の法被を着させていただいている。

それに何よりも今年は私の友人、中洲流の岩崎淳一氏が当番町総務という大役に就いた。この年の流の総責任者である。私は彼のことを敬愛を込めてボスと呼ぶ。そのボスの山笠へのかかわり方を、その勇姿を見届けたかったのである。

それにしても山笠ほど縦社会が、上下関係が厳しくしっかりしている祭りはない。これが山笠の最大の魅力だと私は断言するわけだ。身につけている手拭《てのごい》はその人の階級ば示すのである。まず憧れの赤手拭ば与えられるようになるまで十年はかかる、もらえたら一人前と認められる。こんな話がある。

「お父さんなもし、和子が好きな男のでけて結婚したかて言いようとばってん、どげんしますな？」

「どこの馬の骨か知らんが、今度近づいたら殺すて言うときやい！」

「山で赤手拭ばもろうたていいござったですばい」

「何！　赤手拭てや！　そんなら良か！　顔ば見んでも結婚許す！」……。

水法被・締め込み姿で山笠の前に立つ

岩崎総務の粋な計らいで私と毛利君、シスコの昇君に〝山受け〟を申し付けられた。

全町の人たちが当番町に三々五々集まってくるのを、山の棒に乗って手一本を受けるのである。

鼻棒が毛利君、右が私、左が昇君、厳粛な儀式である。そのうる緊張の極である。

え、いやぁ、棒二本に正座することの辛さ……。と、毛利君「もじもじしなんな！　あんたも役者やろ！　格好つけない！」「ハイ！」今度から毛利君を兄さんと呼ぼう。

台上がりは何度か上がらせてもらったが、山受けは初めてである。いずれにしても名誉なことであった。

町総代の「蛇の目寿司」の樋口雅兄さん！　もう二十年も舁いたことがなかったのにあなたの庇護のもと、棒につく勇気を得ました。でも他から「もう死ぬけん、替わってやれ！」まで舁かせんどいて。

集団山笠《やま》見せの激走

オイサッ！オイサッ！　半べそかいて走っていた。七月十三日、集団山笠《やま》見せの日。

「横ばん切るな？」

「なんがな！」

「そんなら山笠の前ば走りない。後ろやったら遅れたらどんどん離れてついて行けんごとなるぜ」

と毛利君。言われた通りで、後ろについたら一遍に疲れの出て、遂に歩きだしてしもうたとです。

「ま、参りました……」ゼーゼーと息を切らし、明治通りを市役所のほうに左折した途端、ウワーっと両岸に大群衆！

「小松！」「お帰り！」と故郷ならではの大声援！

「ホラ、走らんか！」毛利マネージャーの一声で「オイサッ！オイサッ！」とツヤつけて走り出したとです。一斉に勢い水の集中攻撃！　とうとう追いついたのであります。

実は追い山の日、ＮＨＫテレビ生中継にゲスト出演が決まっていたのである。それを知っての応援であろうか、いずれにしてもこんな嬉しいことはない。

岩崎総務の私席があった。東京、京都からの友人、私や八番山総務・武内氏とちょうど博多座公演に来福していた仲良しの石倉三郎《いしくらさぶろう》氏も招待され、〝い津み〟さんでの食事会であった。

宴たけなわ、主《あるじ》の宮武さんが板場姿で来店御礼の挨拶、それから十分後再び現れたとき

は山笠当番法被の正装であった！　総務の前で威儀を正し、

「これは手編みの昇縄です、特別に造らせました。櫛田入り頑張れますよう……」

のし紙の付いた青々とした美しい昇縄であった。

「頂戴します」何気ない厳粛さにじーんとした。祝い目出度の時がきて、私が指名された。

そして手一本。横にいたさぶちゃん、「博多ってすごいな……」と目頭を押さえていた。

ヤアーッ「ドーン！」オイサッ！オイサッ！

十五日午前四時五十九分、ついに一番山笠東流が櫛田入りをした。清道旗《ばた》を廻ったところで祝い目出度！　二〇〇九年は桟敷席の特等席で総毛立った。泣くのをこらえ、ＮＨＫ解説席の山笠振興会副会長の豊田さんと起立して祝い目出度を唄った。

中洲流は二番である。五時五分。ヤァーッ！「ドーン！」来た！

怒濤《どとう》のように雪崩込《なだれこ》む表の棒さばきは赤白のたすきも凛々しい、岩崎総務である。赤いテッポー（鉄砲）を振り、声を嗄《か》らして疾走していった。その勇姿、確かに見届けた。耐えていた涙が溢《あふ》れ出た。大役ご苦労様でした！

毎日毎日締め込みをしてくれた町相談役の佐藤さん、流監査の藤代さん、締め上げられて「タマがりました」。大好きな流れ相談役・博多荘の井上幹二さん、男同士の痛飲忘れません。幹二さんの息子、取締の倫清さん、大任果たした打ち上げの夜の涙、素敵でした。私ももらい泣きしたら隣の席の七島さんがそっとハンカチを……。すんまっしぇん、また泣こうごたあ。今、私の帰る故郷は中洲四丁目です。

赤手拭の若者

オイサ！オイサ！オイサ！　二〇一九年（令和元年）七月十三日、集団山見せは午後三時半、福岡市博多区の呉服町交差点を、一番山笠千代流がスタート。その後、五分おきに各六流が続き、都心部を貫く明治通りを激走して市役所前で勢ぞろいする。

ついにわが六番山笠中洲流の発進である。イヤーッ！オイサ！オイサッ！　降りしきる雨の中、表（前側）、右肩台上がりはなんとこの私、小松政夫が指名されたのである。

声を限りに赤い鉄砲（指揮棒）を振りかざした。台の上からは、山笠を担う舁き手の必死の形相や動き、そして沿道の観客の声援が無音のスローモーションのように見えた。

山笠出陣式での著者（右）と
豊田侃也振興会会長（左〔現顧問〕）、
小川洋福岡県知事（中央〔当時〕）

令和になっての五月の中頃、威厳に満ちた筆書きの封書が届いた。

「貴殿は、公平と慎重を期して熟考の上、集団山見せの台上がりに推挙されました。博多祇園山笠振興会会長　豊田侃也」

私は目を疑った。集団山見せの台上がりと言えば、福岡市長、知事をはじめとする福博の知名士が務めることになっている。

私が何か山笠《やま》に貢献しただろうか？　何かしたということなら、私は全国を講演して巡っているが、必ず博多祇園山笠の男のあり方を語る。博多の男たちにとって、山笠は「人生」であり「心の支え」であり、「生き甲斐」そのものだと未《いま》だに教わり続けていると……。

私が芸能界で植木等師に付いて学んだように、山笠の縦社会が私には小気味いいと……。

そこには手拭《てのごい》の色ではっきり役割がわかる。

「右肩台上がり」で山笠を疾走させる

まず若手は赤手拭を目指す。それは五年かかるのか、七年かかるのか。日ごろの研《けん》鑽《さん》を長老たちはよく見ている。赤手拭をもらった若者が号泣している姿を何度も見た。

七月十三日櫛田会館に全二十八名の知名士が一堂に会して、自己紹介をすることになった。私の番である。

「私は博多生まれの博多育ち、小松政夫と申します！　本名松崎雅臣……以上！」

なんなこのスピーチは。完全に緊張していた。なして本名やら言うたっちゃろうか。

十二日の直会の時、四丁目の皆さんにお礼を述べた。これもなんば話したかよーわからんとです。

赤手拭の若手が「先輩の話で胸にじーん

ときました」。……どこまでもみんな優しい。

振興会会長、豊田侃也氏より葉書をいただいた。「博多祇園山笠、無事に奉納することができました。感謝！ 集団山見せ、中洲流台上がり見事でした」……会長自ら……。

そう、博多祇園山笠は「神事」である。

夢「うつつ」の生前葬

いやァ、二〇一九年はまさに舞台漬けの一年間でありました。そして年の最後は、この十月三十一日初日の「小松政夫の大生前葬うつつ」ですげな……。私の友人の脚本家、演出家、企画者たちがワイワイ面白がって、この公演に結び付けたのであります。

この生前葬を本気でやった方を私は覚えております。

元・松竹歌劇団の大スター、ターキーこと水の江瀧子《みずのえたきこ》さんがまことしやかに祭壇を設け、花や焼香台もあり、その横に受付と書かれた机の椅子に座り、お坊さんの読経の中でクスクスと笑いながら香典を受け取っていたのである。
ターキーさん、その時七十八歳。何人も大まじめに弔辞まで読んでいた。
そういう私が生前葬。ま、そういう歳にはなっとりますが、悪くはないと思うとります
ね。死んでしもうたら誰が来てくれたのか、わからんけん。
生前葬なら、あ、来てくれたと、嬉しかとか、あいつ来んねとか……。まあ、これは私
の感想、今度の芝居はちょびっと違うとです。
過日、この芝居の制作発表記者会見が行われた。わざわざお寺さんで行われた。
その時の制作側からのプレゼンは「この作品は失われた記憶を求めてさまよう、一世を
風靡《ふうび》した老コメディアンと、彼を取り巻く五人の女の物語。妻らはどこかに隠し財産があ
るとみて、夫の記憶をよみがえらせるため、父娘涙の再会を画策するものの、計画が思わ
ぬ方向へ展開していく様を描く。主演・小松政夫は自身〝小松政夫〟を演じる」。
記者からの質問。「本人役で出る感想は？」ちょいと照れるが、この小松政夫が何をし
てきたのだろうって、「目立たず、隠れず、そーっとやって五十年」という集大成になれ
ばいいなと。
終活についても聞かれた。大病したら仕方ないけど、「あそこが痛い、ここが痛い」っ

ていうのはやめてしまおうと。治療も何もない自然体で生きていたいと考えているのですと。

「なぜ生前葬なのですか？」振り返ってみると、半世紀以上私はこの世界にいたんだなァ、夢うつつじゃないけれど、しみじみ感慨深いものがありますねェ。喜劇役者、コメディアン小松政夫の引き出しを全部ぶちまけるような舞台にして、最後はホロッと泣ける芝居をお見せしますよ。

〝面白うて、やがて哀しき〟なんてことをよく言いますけどね、私の目指す喜劇は哀しくて出る涙じゃなくて、感動を伴う涙です。そのためにも身体が続く限り、白髪を振り乱し、汗でびしょびしょになり走り回り飛び回って、最後にホロリと泣かせる芝居をしていきたい。

死ぬまでアホをやり続けますよ。なんでもできる喜劇人として、シリアスな演技もこなすコメディアンとして、これからも皆さんを笑わせて泣かせたいのです。

うわー、エ～ラっそうに！　以上！　今月の授業終わり！

メイドイン・ハカタの「前進に幸あれ」

四月に博多座で公演された「めんたいぴりり」が、九月に東京明治座で再演された。大好評だったメイドイン・ハカタの芝居が、果たして東京で受け入れられるのかと私自身多少の不安があったとですが、なんとなんと、カーテンコールが鳴りやまない客席総立ちの熱狂の嵐でありました。

それにしても、二〇一九年は何度も博多に帰った。なんといっても山笠で名誉の集団山見せの台上がり、お年寄りのための講演会、「月刊はかた」さんのパーティー。親友と旨いもんの食べ歩き。そう、その時の懐かしい思い出。

タクシーに乗って移動中、窓から見た今は博多中学となったが博多二中の校庭。しばし車を止めてもらい、感慨にふけたとでした……。

まるで映画のワンシーンのごとありました。校庭をうつむきながら横切る松葉づえの少年。そこに駆け寄る若い男の先生。「マッチン、治ったか!?」大声で叫ぶや、涙をぽろぽろ流し抱きしめて肩ば貸す……。モノクロのあの場面を思い出すだけで、目が潤む。

福岡市立博多第二中学一年の五月、よく晴れた日でありました。小さいときから明るく元気が取りえの私でしたが、当時はオヤジが亡くなり生計の手助けに始めた新聞配達中の事故で左足開放骨折、入院というどん底状態。

退院して四カ月ぶりの登校を、ギャングこと田中薫先生が温かく迎えてくれたとです。

体育大学を出たて。がっしりした長身にギョロ目、濃いヒゲ面で、ついたあだ名がギャング。所属した体操部の部長ともあって、そりゃあもうカワイがられましたバイ。

例えば廊下の雑巾《ぞうきん》がけで雑談が過ぎて正座させられ、「よいしょこ～ら」と先生が膝の上で踊るとです。

またある時は学生服の詰襟《つめえり》を内側に折り込んでスーツに見せかけ、丸坊主の頭で禁止されていた映画館に入ろうとしたら、むんずと首根っこをつかまれ、鼻を指でピーン。頭をこぶしでゴツーン。「こんな格好までして、映画、好いとっちゃなぁ」と笑いながら。

こげなこと、今やったら暴力教師、パワハラやら言うて大騒ぎでっしょうなァ。

私たちの時代は当たり前のことやったとですばってんねぇ。

私の親父だってＰＴＡの会長でありましたが、坊主頭に青たん作って帰ると、「どうした」と聞くから、こうこうで先生にクラされたと言うと「お前が悪い」だったですもんね。役者を目指して上京したのは高校卒業と同時。友達が見送りに来た博多駅のホームに、先生の姿を見つけたときは驚きました。

家出同然で母も来なかった見送りに。「行ってきやい。お前ならできる」と。

先生に中学卒業の時いただいた言葉が「前進に幸あれ」。その先生も今はいない。この世界で半世紀以上。悩むたびに、思い出す。

ながーい目でみてくれんね

あっという間に十二月。もう幾つ寝るとお正月なんて、子どもの時は待ったもんだが、今はもうオットットットッと歳をとるほうが気になる。

そんな思いの中「小松政夫の大生前葬うつつ」の舞台公演が終わった。

いやぁ、洒落《しゃれ》のめして楽しかったですばい。劇場の入口には大形の供花がずらり。ロビーには白黒の葬儀幕。受付やら案内係の女性たちは皆、喪服。

黒リボンの私の大きな遺影。薄く流れる読経。笑いましたばい。私も楽屋を訪ねてくださった方に配った「会葬御礼」。もう本物の葬式。「舞台で死ねたら本望」なんてよく言いますばってん、ちょっと違うなと思うとです。

理想は舞台の千秋楽ば務めあげて幕が下りた時に、ドーンと袖《そで》で倒れるとか、そういう感じで死ぬとがよかと思うとですね。

だって舞台の上で死なれたら周りは迷惑。バタッと倒れて「はーい、終演です。突然の事故で申し訳ございません」ってなりまっしょう。

私があにさんと慕った東八郎《あずまはちろう》さんは、まさに理想的でありました。人気絶頂の頃に「東八郎劇団」を立ち上げて、私は副座長として迎えられ、下北沢の本多劇場で旗揚げしました。

二年で十公演もやった頃でしたかね、新宿コマ劇場に認められ、一カ月公演をすることになりました。その時は二人で抱き合って泣きましたね。それで五月に公演が大盛況で終わって、あにさんの誕生会を兼ねてホテルで打ち上げをしたとです。

その二日後に、あにさんの訃報《ふほう》でした……。

私はこの舞台では逝かなかったばってん、この先は「知らない、知らない、知らないもー！」というわけですが、そこんとこは、どーかひとつ、「ながーい目でみてくれんね」……。

そうそうこの私の公演中、嬉しいことがありました。

私の一番新しい著書『ひょうげもん』（さくら舎）の元となった『東京新聞』『中日新聞』の連載、小松政夫の「この道」全八十五回を読んで、小学五年生の女子生徒から新聞社に投書がありました。

「私は最近さびしいなと思ったことがあります。毎日楽しみにしていた小松政夫さんの『この道』が終わってしまったことです。読み始めたのは三十回くらいからです。たまたま天気予報を見たら下にあって、一回読んだら好きになりました。『なにをユージロー、シマクラチヨコ』が心に残っています。

ユージローさんとシマクラチヨコさんはどんな方なのかぜんぜん知らないけれど、『この道』を読み始めてから新聞は面白いものだと思いました。今ではニュースもみています。小松政夫さん、私に新聞を読むきっかけを作ってくれてありがとうございました」

その子がお母さんと二人で観に来てくれた。目のパッチリしたとても利発そうな子だった。私の『ひょうげもん』を胸に抱いていた。サインをすると言葉少なく「うれしい」と……。私も最近、こんな嬉しいことはなかった。

「昭和は遠くなりにけり」の正月

令和もあっという間に二年になった。斯《か》くて新しい年、おめでとうございます。私も昭和、平成、令和と三つの年号を跨《また》いだことになる。

私たちの若い頃は、何かというと明治、大正、昭和と言われ、「明治は遠くなりにけり」と昔を懐かしむ人が多かったが、私も言うとかいな「昭和は遠くなりにけり」と……。

それにしても今の子どもたちはどげなお正月ば過ごすとやろうか？

ま、これは私の子どもの頃の話ですばってんが、どこの家でも日の丸の旗ば掲げる。家族揃ってお屠蘇《とそ》ばいただき、雑煮で祝う。餅は丸餅、がめ煮が必須でありました。それからポチ袋に〝マサ坊へ、父より〟と書いた「お年玉」。

七人兄弟やったけん、親父も大変やったでしょうや。

さて、部屋での遊びは花札が一番でありました。猪鹿蝶《いのしかちょう》とか、月見で一杯とか。トランプもやりました。七並べに神経衰弱、ダウトにババ抜き、どぼんにポーカー。今思うとなんかみんな賭け事っぽい。

男の子は外で遊ぶ。博多のコマは凄かった。「しん」を自分で調整するのだが、ブレずに澄むまで子どもながら苦心する。投げて相手のコマを「しん」で叩き割る。ビー玉、パッチン、関東で言うところのメンコですたい。竹馬、馬乗り、ちょっと色気づいた男の子は、女の子を意識してやたら乱暴ぶってみせる。

「野蛮かねぇー」などと言われると余計乱暴ぶる。

石けり、缶蹴り、空き缶ポックリ。暴れゴー。肉弾、けんけんで相手陣地に突入する遊びですたい。それにクギ刺し……。若い人はいっちょんわからんでっしょうなぁ。

そんなら、あなたたちの得意のスマホで調べてんしゃい？　わからんでしょうなぁ、博多だけの言い方のあるけん。

正月と言えば、今も心に残る話ば思い出した。博多二中での担任の、吉井義武先生のお宅へみんな連れ合って年始に行く楽しみがあった。

それは中学一年から、高校生の時まで続いた。酒こそ出ないが、子どもには贅沢《ぜいたく》な料理や甘いものをいつもご馳走になった。

その当時、先生と生徒の間柄はとても厳しく、敬語で話すのが当たり前だが、吉井先生はそんなことは気にしない優しい先生であった。酒好きで、中洲で飲んで私の家にご機嫌で寄られ、私と母を肴《さかな》に賑やかに帰られたこともあった。

男の子は皆あぐらで、女子は横座りの無礼講。高校一年の正月、いつものメンバーで先生宅に行った。一人だけ家庭の事情で進学せず、就職した男がいた。私に負けず〝ひょうげもん〟で楽しい男だった。私たちはいつものように大はしゃぎで騒いでいると、先生が言った。

「おい、君今日は静かだな。足、崩せよ」その就職した彼にだった。正座していた彼が言った。

「いえ、このほうが楽でございます」

私は凄いなとその時思った。大人が一人交じっていると思った。未だにその光景を覚えている。だが、どうしても彼の名前を思い出せない。

ズル休みの体温計

二〇一九年は、なして、というくらい忙しかった。私は何を食っても、あたらない。風邪もひかず腹も壊さない。その私が、俗に言う疲れからか、いつまでたっても元気になったと思えなくなってしまった。

十二月の半ばの舞台終了後、あらかじめ一カ月の休養日をスケジュールに組んでいたから、間がよかった。とにかく微熱続きで、だるくて体温計とニラメッコ。

今の体温計はすごい。根元がブッとくて、腕の脇に挟むと三十秒で電子音。〽メリーさんの羊、ヒツジ、ヒツジ……大きな数字がパッと出る。37・5。何度かやっているうち、ホッコリと母のことを思い出した。

「母ちゃん、頭の痛か」寝床から弱々しく声をかけた。私が小学生の頃だ。母が飛んできて、「熱のあるっちゃないと?」と右手で私の額に手を当て、左手で自分の額と比べながら「あらら、こらいかん熱のある、今日は学校休みんしゃい！」。いつもこんな時、母は優しい。

私はニンマリとした。初めからズル休みするつもりでいたのだから。

「熱ば計り、今、氷嚢《ひょうのう》ば用意するけん」

手渡された体温計で私はあわてた。熱などないからである。一応計ってみた。今と違って、三分計で時間がかかる。母が来るのではないかと焦った。

メリーさんの羊も何の音も出ない。もうよかろうと見てみると子どもの普通の平熱。とにかく三十八度以上にしなきゃと思った。台所のほうを見ィ見ィ、両方の手のひらで包み、体温計にハァーっと息を吹き込んだりした。鼻の穴に突っ込んでみたりした。やたらクシャミが出た。

台所から声の来た。「ホーラ、寒いっちゃろう。今、熱か牛乳ば持ってっちゃるけん」

私はますます慌てた。昔の体温計は上がった目盛りは手で振ってゼロにしなければならない。手で振り振り周りを見渡すと、仏壇の線香立ての横にマッチ箱が見えた。これだと思った。

細い体温計の水銀が溜《た》まっている部分に、マッチの直火《じかび》を当てた。上げるだけ上げて、あとは手で振って調整しようと思った。

その時、炙《あぶ》り出して三秒もたっていないのに、思わぬ事態が勃発《ぼっぱつ》した。なんと、水銀が溜まっている部分が熱でパチンと割れ飛んだのである。

「アチャー！」

まさに子どもの浅知恵であった。「どげんしたと！」母ちゃんが走ってきた。

「い、今、熱ば計って、体温計ば振りよったら、つ、机の角ィ、ぶ、ぶっつけて、わ、割れてしもうて……。サンジューク度もあって、三十九度は……もう……」

「もう、わかったけん布団に入らんね。熱で頭のチャッチャクチャラになっとう」

濡れ雑巾で丁寧に割ったところを掃除しながら、小さな独り言で「今日は栄養つけないかんね」と、聞こえた。私は布団の中で震えた。

その日、めったに出ないバナナを食べた。三食布団の中で、母ちゃんが食べさせてくれた。

最近家内がよく言う。「亡くなったお母さんと顔がそっくりね」と……。

第2部　日本一ののぼせもん！

どんたくの〝のぼせもん〟

博多っ子を自負しているこの私に、「月刊はかた」さんから「このページば書いてみらんね？」とあり「ハーイ！　ヨロコンデ！」と居酒屋の店長みたいな返事ばしてしもうたとです。二〇〇八年（平成二十年）のことでした。

さて、何から博多ば書こうか。エート、どんたく、山笠《やまかさ》（やま）、放生会《ほうじょうや》……そうたい、博多の五月っちゃあどんたくですたい。今は企業絡みの大パレードが売り物みたいやけど、私が知っている昔のどんたくは素朴なもんでした。

もともとオランダ語で休日の意味でっしょう？　それこそ市民が休日を楽しむというスタイルでしたね。傘鉾《かさぼこ》を先頭に福神、恵比須、大黒、稚児《ちご》流れ、ごりょんさんたちの三味線隊。

〽ぼんちかわいやねんねしな……って、しゃもじば叩いて練り踊り、誰も彼ものぼせもん。

博多どんたくの一コマ――最終日「総おどり」の列

そうそう、一番の人気はチンチン電車の花電車でしたがね。私が生まれ育ったのは櫛田《くしだ》神社裏門の真ん前、かろのうろん屋さんの一角です。パッチンやらビー玉やら、コマやらおおまんやら天下やらいうて櫛田神社の境内が遊び場やったとです。

うちの真ん前にどんたくの仮設ステージが立ちましてね、ここに上がる人は町内の仲良しの二人だったり、父ちゃん母ちゃんの五～六人だったり、小学生の自慢の娘をキレイに化粧してやって着物を着せてレコードを持って主要な仮設ステージを渡り歩いていたり。

私？　出ましたよ。出ましたくさ、そのたんびに母親に叱られました。

「コラ！　マサ坊！　なんば、持って行きようとか？

どんたくの時はいっつもそうやろが、しゃもじば出しちゃれ、しゃもじば出しちゃれて家中のしゃもじばみーんな持って行きよったろうが、その間母ちゃんどげんしてメシばつぎよったか知っとうとか。

ピンポンのラケットでメシばつぎよったとぞ、
母ちゃん恥ずかしか……」

これ実話です。

仮設ステージに毎年現れる変なおいシャン二人組がおりました。自己満足としか思えない、博多弁でしかわからない漫才でした。ギターとハーモニカで威勢よく飛び出てきて、いきなり、
A「おきゅうとおきゅうと、おきゅうとにナットウ」

B「おーい！　ナットウばやんしゃい」

A「あっ、ナットウはもう、のうナットウ」

AB「わあー！　スッポン！」……げな。

こういうのがどんたくでした。報酬は舞台端に置いてある四斗樽の酒を柄杓《ひしゃく》でキューとやって「ハイ、ごちそうさん」。ただ笑ってもらうだけ。どうしてこげんのぼせもんばっ

かりやろうか、子どもながらにそう思っておりました。

あ、そうか、福岡県出身の俳優や歌手が多いのはこげな祭りののぼせもんが多いからか。

こらあ大発見！　今頃わかった。

香具師《やし》サンたちの檜舞台

福岡市瓦町八十二祇園ビル内。子どもん時の住所ですたい。当時では珍しか三階建てのビルで、親父のアイデアで一階がお菓子屋、二・三階が住居という画期的なもんやったとです。

家の横は焼け跡のちょっとした広場になっとって、ここが香具師《やし》サンたちの檜舞台！　蛇の薬売り、バナナの叩き売り、毛布屋、万年筆売り……。

一階のお菓子屋はよしずの中に縁台があってラムネやらサイダーやらを氷の上に山積みしてある。そこで香具師とさっきお客だった人が来て、お金の分配ばしようとです。ハハア、これがサクラていうことばいね。
博多のバナナの叩き売りはメロディーとリズムがあるとが他にない特徴です。

「〽さあ買うた、さあ買うた、バナナの因縁聞かしようかァ、生まれは台湾台北でー（中略）、
子どもの土産にゃこれが良か、貰《もろ》うた子どもはヨロコンで、コロコンでネコロンでノミコンで……、
飲み込んだらいかんよ、皮むいてゆっくり食べんしゃい」

節をつけていて時々素に戻るこの感じで笑わされてしまうとです。

「ハイばあちゃん、毛布ば買うてやんしゃい。温かそうやろ赤と黒のあるよ、どっちが良い？　あ？　色が気にくわん？　色やらどうでもよかとて寝る時やみ〜んな目つぶるとやけん」

「〽熱海《あたみ》の海岸散歩する〜！　ハイ、熱海の海岸散歩する貫一お宮の二人連れ。

貫一さん、それは誤解と言うものよ。ゴカイは四階の上で六階の下！」

げなことを言いながら、棒で地面に半円を引き客を集める。

「ハイッ！　猿がね、金色夜叉《こんじきやしゃ》の芝居するとはどこでも見たことがありまっしょう。

ヘビが金色夜叉ばするとよおっ！　猿が芝居をするならマント着る。ヘビはマント着れないよ、手足のないけんね、やけん貫一さんそれは誤解というものよ、ってマントひっぱるところでシッポくわえてツンツンツン」……と、んなことやるわけない。

「ハイ、ここにいるのは青大将、青大将は何の害もない、ところが沖縄にいるハブ、ハブは怖いよ！　ハイここにハブがおる、

アンちゃん危ない！　お嬢ちゃん下がって！　ハイこのハブに咬《か》まれたら大の男が五秒でスラーっと横になるよ、

横になるったって寝るんじゃないよ、シ・ヌとよ〜！」

それで薬を出してこの薬を塗れば絶対大丈夫という口上になるとです。

「痔《じ》の悪い人はいないかァ！　痔の悪い人はこの薬を紙にうす〜く塗って、〝コウモン〟に貼ればピタリと治る！

だけどね、この間この薬ば買うたばあちゃんが〝ヘビ屋さんあんたから買うた薬全然効かんじゃないか！〟〝ばあちゃんあんたどこに貼ったと？〟

……学校の門に貼っても痔は治らんぞー！」

毎日こげなことば見て聞いて、まさに私の原点と思うとります。

放生会《ほうじょうや》でのヒヨコ

梨も柿も放生会。博多の秋を告げる筥崎宮《はこざきぐう》の放生会が始まりますたいね。町人文化連盟さんのお招きで〝幕出し〟に参加させていただいたことがあります。揃いの着物で博多長持唄を唄いながら社殿まで練り歩いたとです。

〽ここはナーエー、ここは箱崎（ヤロヤロ）……。

よくぞ博多に生まれけり、身震いするほど粋でした。この遊び心がたまりませんね。

海岸から参道の両側には露店やら見世物小屋がびしっと並び、その数七百軒ですげな。

金魚すくいから焼きそば、イカ焼き、カルメラ……こげなとは当たり前。お化け屋敷やら、私の子どもの時はサーカスまで来る大変な賑わいでありました。

博多三大祭の一つ放生会は日本一の縁日やと思うとります。

筥崎宮・放生会の一コマ——参道の夜の露店と人出

幕出しの夜、久しぶりにそぞろ歩いてみたとです。相変わらず大勢の人の波、昔とちょっとも変わっとらんねぇ。新生姜《しんしょうが》もあった。チャンポンもあった。素焼きのおはじき、懐かしい。けど何か昔と違う。

何やろか？　そうたい〝カーバイト〟！　昔の夜店のカーバイトの臭いとその灯りは子どもには珍しかもんの在りかを示す灯台のごと輝いて見えたとです。

小学生の頃、そのカーバイトの下でヒヨコば売りよりました。

「絶対二日と生きられんけん、やめろ。しかもこれはオスばかりで使い道がない」

という親に泣きついて五羽買うてもろうたとです。寒さに弱いというので、下に綿を敷いた箱に入れ、四〇ワットの裸電球をつっ込み夜中までジーと観察しとりました。

その明くる日の朝、母ちゃんに「全員お亡くなりになりましたばい」と起こされた。箱にすっ飛んで行くと確かに五羽ともグッタリと横になっとりました。ガッカリして大声で泣いたら、その中の一羽がスクッて立ち上がったとです。

なんなこら……。ピヨピヨ！　一羽だけ生き残ったヒヨコはどんどん成長して家ん中ば飛び回るごとなったとです。

お座敷犬なら聞いた事ありますばってん、お座敷ニワトリやら聞いた事ありますか？　またそれがものすごう馴《な》れて芸までするごとなったとです。〝手〟て言うて腕ば突き出すとピョンて飛び乗る。鷹匠《たかじょう》ですな。〝肩〟て言うてポンポンて叩くと肩に飛びつくとです。『宝島』のシルバー船長ですな。

「あぽ（フン）ばここでしたらいかん！」て怒ると悲しそうに首ばうなだれて「コー！」て泣くとです。

このミズタキが……あっ、このトリの名前です。しかも大きくなり始めてわかったとですが、何とこいつメスやったとです。……ようわからんとですが、ニワトリはオスのおらんでも卵を産むとでしょか？　それともどっかに恋人のおったっちゃろうか？　後年ミズタキは家庭の事情でカシワメシになりました。

ピタリ同時のしけもくとライス

子どもの頃の遊び場は、家の前の広場と櫛田神社の境内が多かったとですが、やっぱり中洲の町が最高でした。玉屋デパートは小さいながら動物園から映画館もあった一番好きなところでしたね。

那珂川《なかがわ》での水遊び、西大橋の欄干《らんかん》から飛び込んだり、アユやらボラやらば追っかけまわしとりました。中洲の大橋から春吉橋の間の川べりは四季に関係なく夜店がズラーっと出とりました。ここだけは毎日が縁日やったとです。

そうそう、西大橋の横下流側には貸ボート屋もありました。恐るべきはあの川幅であの橋の西中州側の袂《たもと》に仕掛け花火まである那珂川花火大会でありました。

イヤァ、えずかった。何しろ見物人たちの頭の上に、打ち上げ花火の殻がボトボト落ちてくるとです。

みんなキャーキャー言うて避けるとです。帰郷すると必ず寄る井上さんの博多荘、トンコツラーメンが売りやけど子どもの時はアイスキャンディーが絶品でした。

今は無いとばってん、そげな中洲で〝金鈴〟という洋食屋さんがありました。子どもが入れるような店じゃないとです。

十歳年上の長姉にせがんで連れて行ってもらうとです。金鈴さんのカレーライスば食べるとが子どもながらに大ステータスやった。少し緑っぽい色で、ライスが見えんほどたっぷりルーのかかっとう上に、グリーンピースと赤い福神漬け……うまかったなぁ。五十円でしたね。

姉ちゃんと映画を観た帰り、久しぶりに金鈴に寄りました。客も賑やかに、ほぼ満席。いつものようにカレーを食べていると隣の席へそのオイシャンが座ったとです。頭にタオルのハチマキ、ネルのラクダ色のシャツにゴム長靴姿、耳にはしけもくを挟んだ現場のオイシャン。

「ライス！　大盛り！」

「ハーイ、カレーね？　ハヤシね？」

「ライスだけ」

客全員が不審そうに耳をそばだてとります。

「ハーイ！　ライス大盛り！」

オイシャンは大盛りを前に耳に挟んだしけもくを咥《くわ》え、おもむろに火をつける。それから一服してはサジでメシをかきこむ、吸ってはモリモリ小気味よく口にかきこむ、吸うモリモリ口にかきこむ……。

一定のリズムが繰り返され二分ほどたったとき、大盛りライスはオイシャンの胃袋の中に消え、同時にしけもくも根元まで吸われて消された。

短いしけもくとライスの量が見事に計算されてピタリと同時に終わったのである。

「いくら？」

オイシャンは何事もなかったように金を置いて去っていった。ガラガラピシャン！　と
……。ウチの姉ちゃん、

「なんね、なんね！　今んと見た⁉」

もう店じゅう大騒ぎ！　今でもそのオイシャンの顔を覚えとります。

愛嬌あるコスで釣り大会優勝

寿通り、川端、中洲などバリバリの博多っ子たちが通ったのが、我が博多第二中学校でした。劇画『博多っ子純情』はこの二中がモデルであり、作者の長谷川法世《はせがわほうせい》氏は二中の後輩に当たる。

学校も粋なもんで、どんたく中は午前中、山笠の追い山は午後から授業。クリスマスには全校クラスに補助金の出てご馳走作って演芸会、これはスペシャルホームルームて言いよりました。夏は釣り大会、冬は雪の降ると雪中行軍て言うてよう油山《あぶらやま》まで歩きよりました。

あらーいつ勉強しよったっちゃろうか。

体育の田中（後に松本）薫先生には目一杯思い出がある。釣り大会はセイゴ、ボラ、ハゼ……何かしらん、その年はえらい私が釣れたとです。

「お前優勝しそうやね」

と、一匹二匹しか釣れんやった奴らがどんどん私ん所へ持って来るとです。計量係が松本先生で、

「あれ～」

て言うように首ばかしげて秤《はかり》ば確かめたり魚ば触ったりしとりました。

……実は、魚の口の中に石ころばこそ～っと何匹かに入れとったとです。

いやぁ、ガラれたクサられたばってんが、優勝。先生、小さか声で「お前のコス（ズル）は愛嬌がある」て言うてくれました。

あだ名が「ギャング」の松本先生のお仕置きは痛かった。鼻に親指と人差指を丸めてパチンと弾く。時々鼻血の出る、同時におでこを弾く、涙の出る……正座させられ、先生が膝の上に乗ってグリグリとやる。たまりませーん。

中間や期末試験になるとお昼に学校が終わる。そのまま家に帰るふりして私は毎日映画ば見に行った。昼間から中学生がブラブラしとったら補導される、どげんしたら大人に見えるか……。

学生服の詰襟《つめえり》ば内側に折り込んでボタン一丁だけ掛けると背広のごとなるとば発見したとです。

下はワイシャツやけん、ネクタイの代わりに靴紐《くつひも》ば首に結んで蝶《ちょう》タイですげな。本人大まじめ。

三本立て三十円の映画館に大人に紛れてしれ〜っとして入ろうとした途端、襟首ばグイと捕まれたとです。ギャングですたい。

「お前や何ちゅう格好でこげなとこへ……」

先生が真っ赤になったとは怒るよか笑うとばこらえとらっしゃったからでしょうや。

初めて仕事で博多に帰った時のこと、空港に迎えに来らっしゃったとが松本先生です。

「先生、今日は授業は?」

「ハッハッよかよか自習さしとる、ならな」

夕方また来られて、自分は一滴も飲まないのに最後まで付き合ってくださり、ホテルで私を寝間着に着替えさせて毛布までかけて、

「ほな寝ないや、また明日来る、俺はお前のボディーガードやけんな」

て帰っていきんしゃる。こげな私に先生のお守りが四十年も続いております。先生に巡りあえたのも博多に生まれたお蔭《かげ》でしょうね。

この原稿を書いているとき、博多の松本家から先生の訃報《ふほう》が届いた。私はこんな偶然に

呆然《ぼうぜん》としています。

二〇〇メートルの距離さえ「博多に帰りたい」

考えてみれば故郷を出てから五十年近くたっている。ずっと住んでいる博多っ子にはかなわないが、離れている者のほうが郷愁が強くなるというのはあると思う。だが、残念ながら昔の博多はこうだったと古い自負ばかりである。

帰るたびに変わりゆく博多の風景は淋しくもあり、頼もしくもありますね。今の私と博多の接点は嫁いでいる姉二人が住んでいることだけしかないとです。その姉の一人も亡くなってしまった。

しかし私の友達は老舗《しにせ》の商売をしている家が多く、その大半が跡を継いでいる。それもあるが東京の大学を出ても、

「博多以外は日本じゃなか！」

と帰ってくる奴も大勢いる。日本に無くなったものが、博多にはある。博多を大事にしなければと……。

私が帰ると友人があっちからもこっちからもと歓迎攻めにあう。こそ〜と行っても必ずバレる。物も人も風情も、私の田舎であり故郷なんだなぁと実感できる。

つい先日もテレビの仕事で帰り四日間の滞在の合間ちょいと同級生に電話したとです。そしたらその夜になんと、九人もの友人が集まってくれたとです。あの博多二中のバリバリの同級生である七十歳に近いジイさんバアさんが、

「お前がくさ、きさんがくさ、シャカラシカ、クツのズボーってイボッてくさ、あんたオッペシャンやったばってんキレイなったたな、こけーっこの青すたんボーブラが！」

みんなあだ名まで覚えていて、好いとうやら好かーんやらちゃっちゃくちゃらの博多弁の機関銃であった。誰かが私に言った。

「お前の博多弁な、おかしゅうなっとうぜ」

ドキッとしたとです。博多っ子の代表みたいに思うとったとに、知らず知らずのうちに関東人になっ、ちゃっ、たとかいなって……。

その日集まった店はそれこそ〝福岡〟ではない〝博多〟にこだわり続けて逝ってしまっ

た同級生、前谷君の「胡瓜昇《きゅうりがき》」という居酒屋であった。

現・博多座近くの生家の布団屋をやむなく那珂川の西中島橋を福岡側に渡ったところに移転し、居酒屋を営んだ。

山笠に毎年参加しながらも、酔えば「博多に帰りたい」と橋までの二〇〇メートルの距離を泣いた。

念願叶いとうとう生家近くに移転、しかし山笠の長法被《ながはっぴ》が解禁になる六月一日に突然倒れて急逝した。私はこれほど博多にこだわった男を知らない。今は奥さんが継いでいる。

面倒見の良かった前谷の話で大いに盛り上がった。私も博多弁ばこげんいっぱい話したとは久しぶり、そうたい思い出した。博多のことを知り尽くした前谷が得意顔で言いよった話ば。

「お前たちゃあ知っとうや？　中洲ちゃぁ、なかず？　なかす？　博多の女は〝なかず〟、男は女を〝なかす〟」げなですたい。

私の好きな男の、好きな話ですたい。

必ず思い出す正月二日

二〇〇九年の幕開けです。二〇〇八年暮れは忙しかった。超、が付くほどである。今年もおかげで一月早々から舞台の仕事で正月を祝う暇もない。だが家内はどんな場合の正月でも必ず雑煮とおせちを用意してくれる。何気なく食べているが家内は山形生まれである。雑煮は各地で〝えー〟というほど違うのであるが、今や我が家の味で他の物には手が出ない。

博多はどうやったやろか？　三十年も前に長谷川法世さんの力をお借りして、博多出身の若者がコメディアンを目指して上京し四畳半で今に見ていろと貧乏時代をすごす、私がモデルの舞台の脚色ばしてもろうたとです。

そん時の博多自慢のセリフば思い出しました。

〽あ～あ食いたかもんたい、博多雑煮はすまし汁、だしは焼きアゴ、昆布にしいたけかつお節、餅は丸餅スルメにカツオ菜、里芋、ブリの切身ときたもんだ。

我が家はブリではなくかしわが入る。ハハア、やっぱり博多風やね。家内が私に合わせてくれてるのか、山形風なのか、今度聞いてんもう。ついでにそん時の博多自慢はこう言うともあった。ゴキブリを見て、

「何かきさん、東京のゴキか、こまかとがチョロチョロすんな、博多のゴツカブリはなあ、こげんコッペパンぐらいあってブァーって飛ぶとぞ」

中学一年の正月、親父や姉やら親戚やらからお年玉ばもろうたとですたい。なんと全部で千円近くもある。

「ウワー、封切の観られるぞ！」

映画狂の私は、三本立て三十円やったら何本観らるうかいな、新品の映画はまっさらやけんスクリーンに雨も降りよらんめえ……二日は朝ごはんもそこそこに家を飛び出したとです。

親父が「遊びに行くなら金ば置いて行かな！」って怒鳴ったばってん、そうはいかん。お年玉ば全額持って、まず二本観た。さあ次は何を観ようか、華やかな正月映画のポスターを眺めながら夕方フラフラ歩いとったら全額なくなったとです。

落としたんではありません。チンピラ多数にたかられたとです。困った。金もさること

ながら、親父がえずかったとです。

「そやけん言うたやろうが！」

親父の怒った声が聞こえるとです。チンピラに巻き上げられたやら言えんですよ。顔も腫《は》れとるし、ブラブラ街をそういたり、友達の家に寄ったりして時間を潰しました。

夜十時近くに、もう寝たやろと思ってコソーっと家に帰ったら、家の周りが騒がしかとです。

何かいな、て思うたら姉が誰か知らん人に「どうもありがとうございました」と頭を下げとるやないですか。私に気づくと、

「どこ行っとったとね。父ちゃん死んだとよ……」

……ばってん、朝元気にしとったやないか……。

親父は当時不治の病て言われとった結核やったとです。

私にとって正月二日は必ず思い出す、生涯忘れられない日なのである。

スピーチは民謡歯医者さんの唄！

福岡空港からタクシーに乗ったら運転手さんから「お帰んなさい」と言われた。

「ハイただいま」

「親分さん今日はどこまで行きまっしょうか？」

「今日中にホテルに入るだけやけんうどん食うてから行こうと思いようとです」

「かろのうろん屋さんでしょう？」

「あれなして知っとうと？」

「かろのうろん屋さんのご主人とは幼なじみでしょう。何年か前に二人一緒に博多町人文化勲章ばもらわれたでしょうが新聞で見ました。小松さんの本名松崎――雅臣、祇園町生まれ、私しゃファンやから何でも知っとります！」

いやーうれしかった。

「かろのうろん」の大将・瓜生《うりゅう》呼《あ》希《き》允《ちか》さんと幼なじみまで知っとうファンはそうはおりま

幼なじみの「かろのうろん」瓜生“大将”（中央左）と並ぶ著者、稲川淳二（左端）、田中“ギャング”先生（右端）

すまいや、博多に来ると必ず寄らせてもらうとです。

奥さんの揚げるゴボ天は最高である。私はトッピングに丸天・ゴボ天の二本立てで食べる。

「うまかあこの味変わっとらん」

この声が瓜生さんの顔を緩《ゆる》ませる。瓜生さんは博多の博識な文化人である。多方面に知人友人がおられこんな資料が欲しいと頼むと即日ファクスが届く得がたい友人である。十七歳で店を継ぎ、

「昔の博多の街とは一変してしもたばってんふるさとの味は頑固に守っていかんとね」

が口癖である。

ホテルオークラ福岡でタクシーに乗った運転手さんは実に気楽に声をかけて嬉しがらせてくださる。

「この間の結婚式のスピーチは相当面白かったそうですね」

「はて何が？」

「結婚式帰りのお客さんば乗せたら小松さんのスピーチが最高て言うて三人で目的地に着くまで笑いよんしゃったですよ」

あ～思い出した。「珈琲《コーヒー》のシャポー」新開盛弘さんの息子さんの結婚式に出席した時の話ばいな、いやあ凄かったな式のスケール、私は博多座に出ていて休憩の間にスピーチする約束だったんです。

新開さんは二中の後輩である。実家は有名な歯医者さん一家、お客様も歯医者さんが多いと聞いていた。

約束の時間に行って驚いた。始まって四十分もたっているのにまだ乾杯にまで行っていないのだ。何しろ乾杯の音頭まであと二十分はかかるだろうと言うのだ。

私も舞台があるので失礼しようとすると、今すぐやれと言う。だって私は宴会の部の約束である。

「それでは極《ご》く短い民謡を一つ、お手拍子～～民謡歯医者さんの唄！　ハッ、どうした！

……」

新開さん今度遊びに行きます。

ある日ホテルに帰って気がついた。サイフがないのです。散々飲んで回ったのでどっかで落としたなと諦めていたらベルボーイがサイフを届けてくれた。

私に違いないとタクシーの運転手さんが名も告げずに帰られたそうです。その時の運転手さんありがとうございました。博多のタクシーの運転手さんそんな良か人ばかり！

「ジングルベルベル」にキャンキャン！

もう十二月！　この時期、古い博多の母や姉を思い出す。

「ご通行中の皆様！　こちらは川端通り商店街でございます！　全店クリスマスセール！

ジングルベル、ジングルベル……」

一日中がなり立てる街頭宣伝放送。

「ジングルベルベル、ジングルベルベルベルがねぇ〜」

「母ちゃん、ジングルベルベルはおかしかよ」

「なして？　英語の歌のうまかろう？」

口に手を当てホッホと笑っていた母。

クリスマスといえばケーキだが、長姉がいつも弟や妹たちの面倒を見てくれた。

長姉は一九三〇年（昭和五年）生まれやけん、私が十歳の時二十三歳だったことになる。家から歩いて五分程度の玉屋デパートに勤めていた。福岡女学院を出て宝塚歌劇団に行きたかったらしい。

厳格な父が許すはずがない。死ぬの生きるのと大騒ぎだった。結局姉はデパートガールになった。入社の難しい、当時の女性の憧れの職業であった。

クリスマスにはケーキを買ってきて鶏の丸焼きまで用意してくれた。

「クリスマスプレゼントはサンタさんが持ってきてくれるとよ」

という姉の話をずっと信じていた。

ある年のイブの夜、母親に「もう寝た？」と姉の声。襖《ふすま》をそ〜っと開けて私の枕元にリボンの掛かった包装紙を置いていった。私はドキドキしながら「そうやったのか……」と。

朝、「サンタさんの来た！　サンタさんの来た！」と踊り狂って手袋を見せた。

博多ば後にして寿司屋、市場の若い衆、ハンコ屋、花屋、そして横浜に来て七カ月目の十二月にはクリスマスケーキ作りの洋菓子屋でアルバイトをしたとです。

もともと販売員で入ったとやがなしてか知らん、ここでも手先の器用さば買われてケーキ作りに回されたとです。

深夜、工場の上にある社長の自宅で夜食を食べていけと言う。先輩と二人招かれた。入口を開けるとお座敷犬がおり、キャンキャンとうるさい。深海魚が釣り上げられて目ン玉が飛び出したような顔をした手のひらサイズの犬だった。

「あら～愛らしかねぇ～、あんた名前何ちゅうと～?」

いきなりガブッと足首に食いついた。

「あいたァーす！　そげな事したらイカンよ！」

それからもう、キャンキャン！　としつこく吠える。

社長「こら！　静かに！」。キャンキャン！

私は足で犬を払いながら初めてピザというものをご馳走になった。

「その赤い小ビンをかけるとうまいよ」と社長。とにかく先輩には吠えない。

「あんた、どげんしたと?」キャンキャン！　すると社長、

「わかった！　博多弁だけに反応してるんだ！」……差別ばい。

赤い小ビンを、ちょうど見上げて口をあけている差別犬に一滴タラした。キャンと一言、飛び上がってヒクヒク横になり前脚で必死にベロを拭いていた。

小ビンは後でタバスコという物と聞いた。

あ〜あ、またバイトばさがさないかん。

博多屋台のこまっちゃん

五月どんたくに帰った！　いやァ、福岡の街が、博多の街がこげん活気のあって楽しそうでゾロゾロニコニコ笑顔の家族連れ！　天気も良うて、人出は二百三十万人ですげな！

やっぱり博多の〝のぼせ〟はどんたく、山笠、放生会ですたいね。それにどんたくはなんと言うても私の芸の原点ですけん。

何か最近は企業がらみが色濃いと思うとりましたが、傘鉾、福神、恵比須、大黒の三福神、一束一本、稚児舞等の古式ゆかしい神事、家々の表を囃《はや》しながら通る一行〝どおりもん〟、粋なもんですばい。

パレードばかりではない、違うどんたくも見てもらいたいと思ったりするとです。それはそうと、東京で見たテレビのニュースは衝撃的でした。川端通り商店街火災！まさに青天の霹靂《へきれき》！　あの私の生まれ育った近所が、赤い炎で燃え盛っていた。忘れもしない三月一日です。

その焼け跡をどんたくに間に合うように整地し復興の志をどんたくのステージを作って多くの人に集まってもらおうという川端商店街の人たちの想いを聞いた。

何十年かぶりにこの時期帰れたのは、NHK福岡開局八十周年記念五月三日のイベント、朝八時から夜八時までの生放送ラジオの一部の出演のためでした。

月一回のNHK福岡局発「博多屋台こまっちゃん」があるが、その我がスタッフが番組の目玉にしようとして作った出来立てホヤホヤの「博多よかよか音頭」を私が川端さんのステージで歌ったらどうかと提案した。

喜んでもらえた。商工会議所の皆さんまで応援してくださった。私にしてみれば小学生のころ、渕上呉服店の前のどんたくのステージで観客十人ほどで無伴奏「柱の～きぃ～ず

〜は」と歌ったのが初舞台！　グリコを一箱もらったっけ。
「博多屋台こまっちゃん」の扮装でステージに行った。嘘かと思うほどの人が待っていた。
恥ずかしながらちょっとアガった。初舞台から何十年たつのだろう？　そんなことが心に
……。

司会者が私を呼び上げた。お帰りの拍手である。

「えー皆さん……」優しい拍手が鳴りやまない。

「満場割れんばかり、パラパラと盛大な拍手……」心のこもった笑いである。

泣こうごとあった。温かいなぁ博多の人は……。

「おかげさまでこの博多を出て芸能界で四十六年、何とか生きてこれたのもすべて……本
人の努力の賜物であります！」

「そうだ！」

「良くやった！」

ギャグなのに笑いの中で本気で誉められてしまった。一日も早い復興をと歌った。

〽よっかいつか　むいかなのか　よ〜かよか

これよか　それよか　のぼせもん
ハアー　博多よかとこ祭りの町よ〜

ほんまもんの博多もん

二〇一〇年の山笠でまた泣いた。山笠に来るたんびに新しい涙に遭遇する。中洲流《ながれ》が一番山笠《やま》である。

我ら友人三丁目の原田和良氏が当番町総務。三十五年に一度の大役に就いた。私の故里四丁目の人たちのきっちり根付いた仲間同志の信頼関係、上下、従の関係、これを身近で感じるだけで胸の熱うなるとです。

二月の初めに四丁目の新年会に出席した。その日流委員の立岩氏の還暦のお祓《はら》いを受けた櫛田神社で若手の人たちと参拝した。

社殿に招かれ、他にも赤ちゃんを抱いたお宮参りの人たち四、五組が前列にいた。祝詞《のりと》

が始まった時、日頃は温厚な町総代の樋口雅兄氏、

「キサンたちァ、なんしようとか！　さっさと席ィ着かんか！」

と大音声《だいおんじょう》。丸坊主の町総代、若手は山笠の体育会系。流委員も立派な体躯《たいく》の角刈《かくがり》で苦み走ったよか男。前列のお宮参りさんたち、チラっとも後ろを見ない。その筋の人たちと思ったに違いない。ぞろぞろと若手が座りだした。

「もたもたすんな！」そして町総代、私に「親分、ここに座んなっせ！」。

一瞬、祝詞が止まってしもうた。その夜の新年会名幹事、星加氏の声で私に挨拶をとなった。

「本日はお招きをいただき……」と町総代、「招いたつもりはなかですよ！　身内ばなしで招くとですか」……声の詰まった。

十日の舁出《かきだ》しの始まるころ、山小屋の前に四丁目の人たちが集まった。

町総代「小松さんにこれば……」それはキレイな幅五センチ長さ二〇センチほどの杉の板に見事な楷書で一番山笠中洲流相談役と書かれた木札であった。

熨斗《のし》の付いたその役の手拭《てのごい》も添えられていた。大拍手である。粋な事ばさっしゃる……。

口をへの字で泣いてしもうた。

今年も山受けを仰せつかった。しかも今年は表棒さばき、つまり真ん中である。私の音頭で手一本が入る。ヨォーッ。なんと晴れがましいことであったか。台上がりもさせてもらい、中洲の大通りを疾走した。ここでの涙は勢い水が洗ってくれた。昨年までオドオドしていた棒にも積極的について舁いた。

今年取締を勇退した博多荘の倫清氏の娘、倫歌ちゃんが今年は出ていない。女子は決まりはないが小学生までというのが定説である。

お母さんがそのことを伝えると、母の胸に顔を埋めて「なして男に産んでくれんやったと!」と泣きじゃくったという。寂しそうに遠くで見ている彼女を見て、ジーンときた。

いつも一緒の流の重鎮・岩崎淳一氏と親友・毛利君と、大洋映劇の横のキネマカフェというレトロな喫茶店に寄った。

きれいなお母さんと美しい娘さんが「毎月取りようとですよ!」と「月刊はかた」を持ってきてくれた。

どこへ行ってもどこば歩いても博多が好いとう。山笠の風に吹かれる、ほんまもんの博多もんになりたかあ!

西鉄ライオンズ

福岡空港のタクシー乗場に急いでいると「お仕事ですか？　小松さん」と呼びかけられた。

雑踏の中を振り向くと〝ウワ〜〟あの豊田さんやが！「西鉄ライオンズ」の豊田《とよだ》泰光《やすみつ》さんですたい！　少年時代の憧れの人、彫りの深いハンサムで良か声で五十年前とちょっとも変わっとられんかった。

初対面ですとに「ご活躍見てますよ」とニッコリ。ずーっとファンですと言うつもりが、「お、お名刺ばチョ、チョーダイませんか？」と訳のわからんことば言うて押し頂いた。少年が大スターにサインば貰うたように嬉しかった。

一九五八年（昭和三十三年）の日本シリーズ、巨人三連勝の後、西鉄の四連勝！「神様、仏様、稲尾様」の西鉄稲尾《いなお》和久《かずひさ》投手が、七試合中六試合を投げている。豊田、大下、中西のクリーンナップ。第四戦目に我が豊田さんは一試合二本のホームランを打った。その優勝の時、私は石村萬盛堂《まんせいどう》さんの工場のテレビで観た。みんな泣いた、抱き合って泣いた。

いつの時代にも福岡のファンは熱い。西鉄ライオンズが福岡ソフトバンクホークスとなった今、ダイエー以来七年ぶりにリーグ優勝したが日本シリーズ進出は逃した。あん時の奇跡は起こらんかった。ま、〝ふ〟の悪かったて思いまっしょう。球団会長の王さんも言いござった。「悔しさをバネにしてファンにお返しするのは勝つ事」て。秋山監督、来年は頼みます。

父親に一回だけ野球を観に連れていってもらった事を思い出した。平和台ではなく、香椎《かしい》球場だったと思う。外野席で内野と外野の境目の金網の所で観ていた。突然親父が言い出した。

「内野席がいっぱい空いとる、あそこに行こう。金網ば越えるぞ」

私をうんしょ、うんしょと押し上げた。私を向こうに下ろして今度は自分が金網を越えようとした。

「あんた、何しようとですか？」

警備員が飛んで来た。

「あそこの空いとうけん、行くったい」

「あそこは内野席ですばい」

「内野席がいっぱいで入れんて言われたけん、外野席に来たとぞ！　そしたら空いとうやないか！　あそこへ行くとは当然たい！」

親父は物凄い剣幕で怒り出した。

「私は不当なことを言ってない。第一、今西鉄が一点差で負けておるぞ。毎日オリオンズごときに負けたらどげんするとか！　少しでも近くで応援するのが市民の義務やろうが！　君はどこのもんか！　ライオンズが負けたら君の責任ぞ！」

若い警備員は目を白黒させて、何しろソフト帽に銀縁メガネ、髭《ひげ》をたくわえて英国製のスーツを着た紳士が声を震わせているのである。私は喧嘩《けんか》になったらどうしようと怖くて今にも涙が出そうになっていた。

警備員が静かに言った。「肩ばお貸しします。金網、気をつけて応援してください」と……。

大アンコさん

二〇〇九年はドップリと博多の風に吹かれた一年でありました。

ＮＨＫのラジオレギュラー「博多屋台こまっちゃん」の収録で一カ月に一度帰福し、山笠は十日間も走り回り櫛田神社ＮＨＫの解説席で感涙にむせびながら祝い目出度《めでた》を唄い、とどめは十一月の大相撲九州場所中日に福岡国際センターでの向正面《むこうじょうめん》にゲストとしてＮＨＫさんに迎えてもろうたのであります。

私が初めて相撲を見たのは、いや相撲ではなくお相撲さんを見たのは、小学生高学年の頃。瓦町の実家のそばのお寺さん萬行寺に確か二所ノ関部屋と思うとですが、宿舎兼稽古《けいこ》場として逗留《とうりゅう》していたのです。

毎日毎朝見学に行きました。

十一月なのに皆まわし一つの裸にまず驚きました。仮設ながら小屋の中に立派な土俵があり、そこでは明らかに十両幕内といった格の違う人がドシンバタン！「ウリャー」と熱の入った稽古をしていました。

その他の人は頭はザンバラ、まだ髷《まげ》も結えないようなソップ（細身体型）な若者七〜八人、彼らの土俵は外にあったとです。

なんと境内のその辺の石ころだらけのところに棒で丸を描いて、死に物狂いのヤマ稽古をしておりました。

「貴様たちは大飯食らって大酒飲んで稽古もせんでそれで勝てると思ってるのか！」

居ました！　私のお気に入りの鬼軍曹が！

身長一七〇センチほど、体重一八〇キロくらい。見るからにコミックな容姿であります。そのうえ牛乳瓶の底みたいなレンズにフレームの太い眼鏡をしているのであります。

いつも竹刀を持っていて、

「テメェー二日酔か！　二日酔なんか稽古で汗出しゃなおるんだ！　ケツだせ！」

腰を折らせてお尻を突き出させて「歯を食いしばれ！」本気で竹刀を振りかぶる。「エーイ！」と言いながらチョコンと打つ。

「ありがとうございました！」「痛かった？　ガンバローッ、ね？」

優しいのである。私は子ども心に笑い転げた。

その大アンコ（丸太体型）さんからいろんなことを学んだ。蹲踞《そんきょ》の姿勢、塵《ちり》の切り方、仕切り、立合い、そして今でも信じてやまない諸説あろうが大アンコさんの賞金のもらい方説！

行司さんが軍配に載せて前に差し出したら、ゆっくりと手刀で心という字を書くのだと言う。

つまり右手で左、右、チョンチョン。子どもの時、感銘した。そして今でも忘れない。だが、今テレビを見ていると心とは書いてないなと思う。ひどい人は左手で賞金をワシづかみにする者もいる。昔のことだが、素晴らしい力士たちを思い出したらちょっと感傷的になってしまった。まだ大相撲九州準本場所と呼ばれていた時代である。

ある日、大ファンになってしまった大アンコさんにサインをせがんだ。父親が買ってくれた立派な色紙を差し出すと、

「ボーズ、俺にかい？」

と照れながら筆で色紙の一番左すみに小さく平仮名で「たてかぶと」と書いてあった。

完全ホームの試合

私は幸せいっぱいである。二〇一二年の十月五日初日の二十八日まで、博多座錦秋《きんしゅう》喜劇公演「コロッケのわたくしです物語」に共演、博多に長期滞在！　博多の空気ば景色ば、中洲の酒ばいや空気ばいっぱい吸い込んで、老骨にムチ打って汗ふりちらかして舞台ば走り回って良かアシストばして……。

何しろコロッケさんは熊本出身、私は博多である。完全にホームの試合であります。今からでも遅うない、すぐ応援に！　ただし太鼓、三味線、しゃもじ等の鳴り物はご遠慮願います。どんたくは終わったとですけん。

冗談はこんくらいにして、博多は昔から芸どころと言われて、目の肥えたお客さんに俳優は誰もが緊張すると言います。それにお客さんが上品ですたいね。

そう言えば口より先に手のほうが早かった私の親父が、私が子どもの頃珍しく母に優しく「芝居見物に行くのだから一張羅《いっちょうら》を着なさい。物見遊山《ものみゆさん》に行くときほどオシャレをする

博多座錦秋喜劇公演「コロッケのわたくしです物語」パンフレット

ものだ」と……。

それにしても今回の公演に対する博多座さんの意気込みは凄い！　八月、社長を筆頭に大キャンペーンが企画された。コロッケさん、ヒロインの安達祐実さん、小松も加わりホテルオークラ福岡さんで制作発表記者会見、イヤ凄い数のカメラと記者さんに圧倒された。

それから私においてはラジオ、テレビの生出演、三十年前CM出演させていただいたフンドーキン醤油《しょうゆ》福岡支店さんに表敬訪問、次に「月刊はかた」の姉妹誌「九州王国」さんの計らいで、博多を代表するめんたいのふくやの川原正孝氏、そしてうなぎと言えば吉塚うなぎの徳安隆氏と「中洲の今昔と芸どころ博多」と表題はあったのだが、同じ中洲流、日ごろ黙礼する程度のお付き合いだったのが博多弁で急激に山笠の話で盛り上がり、吉塚さんのフルコースを飲み食い、進行役のふくやさんの川原武浩さん、おうじょうしてんなさった。

翌日はわが母校県立福岡高等学校を訪ねた。なんと藤野校長と新宮松比古同窓会長が迎えてくださった。驚いたことに、時間とともに同級生、先輩後輩約四十名ほどが参集された。

五十年以上も前、役者を目指して上京する際、博多駅の夜行列車のホームで大勢の人に見送ってもらった。その時にバンザイをしてくれた友人の顔が何人も見えた。私は思わず胸が詰まった。

当時私は赤貧で、石村萬盛堂さんにお世話になり、部屋をもらい食事をいただき定時制に通った。福高定時制、誇りに思う。全日制の友人も大勢来ていてくれて公演中に観劇後合同の同窓会をとの話を聞いた……。

その日最後に「月刊はかた」の「よか人、よか話」コーナーで萬盛堂さんにお邪魔した。先代、夫人、当代社長、ありがとうございました。昨年（二〇一一年）私は日本喜劇人協会の会長に任命されました。

どこまでも素敵な博多

古里は温かく優しかった。博多座十月コロッケ錦秋喜劇公演、あっという間に一カ月が終わった。そして改めて博多の素晴らしさ、人々の人情、友人。新しい出逢い、風情、情緒。夜のとばりが降り、ネオンの灯りが川面に映る、中洲に架かるであい橋付近で目にするとほっと落ち着いた気持ちになる。なしてこげんノスタルジックになるっちゃろうか……。

後ろからポンと肩を叩かれ、

「飛び込むっちゃなかでしょうね？」「ハァ？」「ぞうたん、ぞうたん！　昨日芝居見ましたばい、良かったあー」

知らないおいしゃんだった。中洲の街を歩くと、

「お帰り！」「明日観に行くけんね」「小松さ～ん」振り向くと肉屋の親父さんが駆け寄って来て「揚げたてのメンチ食べり！」通りすがりの人は気軽に声をかけてくれる。

「一ファンです。昨日拝見しました。感動のお礼です」なんと、折詰《おりづめ》が四十人分楽屋に届いた。住所もお名前もなく……。

十月十八日、いつも「月刊はかた」を応援してくださっている百選会の皆様の交流会に参加させていただいた。福博を代表する名店、老舗のご主人方、いつも「月刊はかた」に登場されるお顔が、初めてお会いするのに他人ではないような親しさを感じました。百選会の皆様、いろんな差し入れ、お心遣い、本当にありがとうございました。誌面をお借りして御礼を申し上げます。

そして毎日昼の弁当を、手を替え品を替え自ら届けてくださった柳さん、御礼のしようが思いつきません。

思わぬ方の楽屋訪問、陣中見舞い、皆様のお力添えで一カ月無事乗り切ることができました。

一日しかない休演日に岩崎淳一氏の発案で「勝手にしよう会」ゴルフコンペをすると言う。「たった一日しかない休みやけん、ゆっくりしたか」と私。

「ホテルでゴロゴロするとですか？　それやったらカートに乗ってプレーせんでもいいけん、気持ち良く風に吹かれてノンビリ森林浴のほうが身体に良かでしょうもん」それもそうだとゴルフ場に行った。

「ハイ、先輩のウエアー、靴、クラブね。樋口さんと二神さんと、はい行きましょう」嬉しかったァ、仲良しの友人たちとの久しぶりのゴルフは楽しかった。終わったあとのビールの旨かったこと。

締めは博多二中の同窓会、皆七十を超えている。十四名芝居を見てその帰り、誰を見ても昔のままの顔であった。ジョースケ、ゲット、ガボ……昔のあだ名が飛び交った。

帰りの飛行機でスチュワーデス（客室乗務員）さんが「何か飲み物を」「昨日一カ月の舞台を終え、怪我《けが》も病気もなく無事千秋楽、アルコールでも飲みたいですね」と。

シャンパンが届いた。小さな瓶にカードが貼ってあった。「お仕事へのプロ意識を感じ、感動致しました。ひと区切りの日にご一緒させていただきまして、大変嬉しかったです」

NH二五四便。

どこまでも素敵な博多だった。

第3部　日本一のセールスマン！

辞めるのに「前借り二千円」申込み

「ますます味のあるスケールの大きな役者さんへと成長される小松さんに感服しております」

頂いた年賀状の中で一番嬉しく感謝した贈りものでした。この年賀状は博多で名高い鶴《つる》乃子《のこ》の石村萬盛堂《まんせいどう》社長・石村僖悟氏よりのものであり、博多での恩人でもあります。

中学一年の冬、人生の転機がやってきた。地元の名士といわれていた父が急逝したと同時に、我が家に母も知らんやった莫大《ばくだい》な借金があることが判明したとです。自宅は人手に渡り、最後には家族七人が六畳と四畳半の二間で、炊事場もトイレも共同というアパートで暮らす羽目になりました。

その時から母に「あんたは高校に行かせられん。中学を出たら働いてほしい」と言われていました。

結局、縁あって萬盛堂さんでアルバイトをしながら高校に通いました。しかもそのお金

久々に訪ねた石村萬盛堂（上）と
銘菓・鶴乃子（右）

の大半は学費ではなく実家の生活費となっていました。

それにしても萬盛堂さんでのアルバイト生活のなんと楽しく、なんと働きやすかったことか。もう毎日嬉々として励んでいたことを思い出します。

当時は二代目社長・善右氏であり、美智子夫人の時代であった。当代社長の僐悟氏は小学五年生で、成績抜群のまさに紅顔の美少年であられた。

善右社長はオットリとして優しく、その代わり美智子夫人は毅然とした厳しい方でした。なのになぜか私にはとても優しくしていただいたのです。

ちなみに従業員は奥さんと呼んでいましたね。ツマミ食い厳禁の鶴乃子を奥さんの目の前でポコッと食べるとです。すかさず、

「コラ！　なんばしようとね！」

キツイ言葉のわりには目が笑っているとです。

そのうえ帰り際に型くずれした鶴乃子やケーキの残りなどを他の人に内緒でそっと「家に持って帰んしゃい」と……。

ある日、家に帰りたくないというような話をしたと思います。狭い家で女ばかりで住みにくいと。

「そんなら店の二階が空いとうけん、ウチでご飯食べて学校へ行けばいい」

即決である。

また、新社屋の落成式がありました。私に奥さんが、

「仕事は何もせんで良いから，落成パーティーの段取りをするように」

と命じられた。高校生の私にである。舞台作りから宴会の準備、司会からプログラム作り……私にそんな才能があると見ておられたのであろうか？

高校を卒業する段になって、「東京に出て日本一の役者になりたい、ついては二千円ば

かり前借りさせてください」とお願いしました。

奥さんは「あんた、辞めるのに前借りはおかしかよ」と笑って餞別《せんべつ》をくれました。

しかもすべて百円札で一万円。その時、初めて泣きましたね。

鶴乃子を一個ずつ売って稼いだお金だと思うと、その有難みは決して忘れることはありません。当代僖悟社長とは何くれとなく私の相談役と思うとります。

横浜で博多弁を笑われた‼

ブルートレインと言うと格好良いが、夜行列車で十八時間かかって横浜に着いたのは午前十一時頃でした。

まだ焼け跡の多かった西口の駅前はキレイなアーケード街ができていて、びっくりするほどの人出でした。

「ワァーなんやこれ、今日は祭りな、山笠《やまかさ》や？」

山笠のはずがありません。横浜駅前は毎日がどんたくのように賑やかだったんです。

「うわっ汽車が屋根の上ば走りよう！」

高架線の上を電車が走り抜けて行くとです。そんなの見たのは初めてでした。雑踏騒音の中から不思議にピックアップされて聞こえる言葉が他国に来たと感じました。

ワイワイ……「しちゃってサァ」

ガヤガヤ……「ヘイキヘイキ」

ザワザワ……「つまんない」

何か皆女々《めめ》しかね。日本人か！　雑踏の中大きな看板が見えました。「五円寿し！」、回転寿司など無い時代です。何を食べても一貫五円というのです。十個食っても五十円か？

博多では一人で寿司など食べに行った事はありません。横浜に来た祝いに……ゼイタクを……。店の前を行ったり来たりして内情偵察、カウンターの長い店でした。

「よ、ようし……！」博多の男、ここにありぞキサン！　妙に力《りき》んだ事を覚えています。

「らっしゃい！」

大きな声に押されて入口に一番近いカウンターに座ってしもうたとです。

「すんまっしぇんばってが、イカば握っちゃらっしゃれんですか？」

低音で最高級の博多弁です。

「は？　ちゃらちゃら？」

「あーそやけんですネ、イカば握っちゃれて言いようとですたい」

「タイですね！」

……口には出さんやったけど目の三角になりましたやね。

その職人さんが下のほうで他の職人を手招きしてるとが見えたとです。

「もう一度お願いします」ニヤニヤしながら横に来た職人を見ます。

明らかにこいつ面白いぞという感じです。

「えーと……」「ちゃらちゃらでしょう？」もうグラグラこいた。

「もういらん！」

席をけたてて「くっそーバカチンが！」

「バ、バカチン？」

また笑わせてしもうたとです。結局何も食わずじまい。

本当は「せからしか！　ガタガタこきよったらしまき倒すぞ！」ぐらいの啖呵《たんか》を切ってやりたかとやが、博多弁を笑われたとがショックで言いきらんやったとです。

外に出るとレコード屋店頭からは水原弘《みずはらひろし》の「黒い花びら」が聞こえて来ます。映画館の石原裕次郎《いしはらゆうじろう》の看板、当時あこがれていたGパンにTシャツに革ジャンというスタイルの若者もウジャウジャいます。

博多のド真ん中で育ち、自分を都会人だと思っていた私にとってそれは衝撃的でした。驚きと同時に猛烈なやる気が湧いてきました。

「よーし、見とってんやい。誰に何と言われようがこれから先博多弁ば駆使して、あそこより良か寿司屋にいっちゃあけん！」

雑踏の中で胸を張って唄うたとです。

「祝い目出度《めでた》～の若松様～よ若松様～よ！」

「俳優になりたい」は〝思想不健全〟

「お前、なんばしに来たとや？」

横浜に着いた途端、兄貴の下宿先での第一声である。

「役者になりに来た」

「父ちゃんの死んで……借金して大学ば出て、これから何十万て返していかないかんとい勘弁しちゃらんな」

「ばってん俺本気ばい」

「バカか、キサン！」

兄貴はあきれて物が言えない様子でした。「まったくしようがねえな……」なしてかこだけは東京弁やった。

とにかく腹の減っとろうと近所のラーメン屋に連れていってくれた。出てきたラーメンを見て驚いた。

「なんなこら？」

真っ黒である。ウヒャー、真実驚いた。普通ラーメンは白である。そう、豚骨《とんこつ》以外博多にはない。

「醤油《しょうゆ》ラーメンたい、博多風は東京にはない」

恐る恐る食べてみた。うん？　旨かバイ。こら初めての味やが、スルスルズルズル……

初めて食べた東京の味、なんか知らん涙の出そうになった。久しぶりに会う兄貴と一緒やったからか……。

「まあ、あれやな……やるだけやってんやい」

とうとう涙は大粒になった。ズルズルポタポタ。「ハイ……」敬語で答えた。

一九六〇年（昭和三十五年）の春であった。何の伝手《つて》もないので俳優座の養成所を受験した。すごい倍率のなか三次試験まで進んだが、入学金が足りず。

「エイ！　ぐらぐらこいた、実力はあるんだ！」

と納得したうえでスッパリ諦めた。母には絶対反対と言われ、家出同然で出てきていたので博多には帰れない。

これから数年後に植木等《うえきひとし》の付人《つきびと》兼運転手として芸能界に入りデビューするのだが……。

後年お袋に聞いたことがある。

「俺は子どもの時から役者になりたいなんて言ったことがあるのかな？」

お袋の話によると通信簿の通信欄に「お宅の子どもに将来何になりたいかと聞いたら俳優になりたいと答えたが、思想不健全。俳優そのものが危険とは言わないが、家庭でも気をつけるように」と書かれたそうな。

一九六七年（昭和四十二年）にデビュー。大喜びでお袋に、

「俺タレントとして契約したよ」

と報告したら、

「月給はナンボね」と言う。六万円だと言ったら、

「な～んね、そげなもんね」と吐き捨てられた。

八十六歳で亡くなる直前「お墓参りがしたい」と言った。

既に老人性認知症は始まっていた。母の実家は長崎県の小さな炭鉱の島・崎戸である。最後の親孝行のつもりで家内と妹、博多にいる姉と一緒に行くことにした。

島の郵便局長の娘であった母の実家の墓の規模は凄かった。また、昔は女学校の先生であった母は、墓の前に立ち認知症はすっかり消え、実にしゃきっとしっかり指示していた。

だがホテルに帰ったらまた「あんた誰？」の世界に逆戻り。

遺品を整理したら私の出ているデビュー当時のほんの小さなスポーツ紙の記事や、私の名前の出ている雑誌の切り抜きがびっしりとアルバムに貼ってあった。

月給はそげなもんね、と憎まれ口を叩いていたというのに……母ちゃんくさ、もう……。

納豆とプロレスのメニュー

博多で育った十八年間、納豆というものを食べたことがなかった。食通の父の食卓にも上ったところを見たことがない。

早朝の惣菜《そうざい》売りの中で「と〜ふ〜、ションションの実にツケあみ〜、おきゅうとにナット！」納豆の声は極端に小さく、最下位に恥ずかしそうにランクされていた。

「あげなもんは人間の食うもんやない！」とまで言い切る博多っ子もいた。

役者をすっぱり諦めた私だが、兄貴の会社の独身寮にいつまでも隠れているわけにもいかず、兄貴が大学時代下宿していた東横線の白楽《はくらく》に近い小さな寿司屋を訪ねた。実に気さくな夫婦で、二人とも五十歳前後で子どもはなく、兄貴が訪ねたことをとても喜び大歓迎であった。

「弟が出てきたのでしばらくの間、居候させてください」とこれだけ言うと、

「あいよ！　松《ま》っつぁんしばらくご逗留！」。一分間で即決である。

「二階が空いてっから自由に使いなよ。押入れに布団も入ってっからさ！」

これはおカミさん。時代劇を思わせる歯切れの良い江戸弁と、二人合わせると二〇〇キロはあるだろう巨体夫婦の優しさに感動した。

次の日の朝である。兄貴は会社に行き、一人で少ない荷物を片付けていた。ふと時計を見ると十時。腹が減った。朝食等どうすればいいのか……他人の家の居候である。十一時になったとき、下から「松っつぁんの弟よ〜メシだ降りて来いや！」思わず「へーイ！」

「おはようございます。今日も良か天気で！」と威勢よくご挨拶。丸い卓袱台《ちゃぶだい》に親方とおカミさんが既に席に着いていた。私の席であろうところにご飯と玉ねぎの味噌汁、なすの漬物山盛り、そして中央の大形の丼の中に何やらネバネバ豆のようなもの……。

「納豆ぶっかけて、腹いっぱい食いな！」

うわ〜納豆やが……。それだけ……。く、食えるだろうか？

「さあ食いな」と親方。なんと、私のご飯の上に丼を斜めにしてドロドロニョロニョロ〜とかけてくれたのである。

初めての納豆！「いただきます」茶碗を口に近づけた。臭かぁー！　ちょっと食べてみた。こらぁ腐っとう！　どげんしようか、食べんと居候である、失礼になる。

ご飯の上の納豆を少しずつ避けて出てきた白いご飯だけチョビチョビ食べた。親方は猛烈な勢いで三杯を吸い込んだ。

「うー満腹満腹。クソババアやい、プロレスやんべえ!」

えっプロレスって、私はまだ命がけで納豆と格闘していたところである。

「ちょいと待ちなよ、まだ食べてんだよ!」

「いつまでくちゃくちゃ食ってやがんでえ!　口の中でおならになっちまうぞ!」

「上等じゃねえのクソジジイ、来やがれ!」

和服で割烹着《かっぽうぎ》姿の森公美子《もりくみこ》似とホンジャマカの石塚もどきが本気でプロレスを始めたのである。そのすきに納豆を丼に戻した。二カ月お世話になったが、納豆とプロレスは一日も変わることのないメニューであった。今では朝食に納豆がかかせません。

マグロ仲卸店で大立ち回り

博多では食べたことのなかった納豆をやっと飲み込めるようになった頃、居候していた寿司屋の大将が「横浜中央市場でマグロ専門の仲卸店で若い衆を探しているが行ってみるか？」と。

市場に面接に行ったとです。筋肉質の小柄な六十歳くらいの不機嫌そうなオヤジさんでした。

私と一度も目を合わせず「九州ってとこは電車なんか走ってんのか？」「はあ？　あの九州言うても博多ですけん」「その博多ってとこは映画館やデパートなんかもあるのか？」……どうもこのオヤジさん、九州はジャングルと思うとるらしく、本気か、九州についての知識がこの程度なのか。

新劇の役者が苦悩を演じているような顔をして、

「あしたっから来な。決まりは朝四時半から十時まで！　月五千円！」

これを機会に私は兄貴と二人アパートに住むことになったとです。朝三時半頃部屋を出て、市場までずーっと歩いて行くとです。長靴を買う金もなく、私の足は二四・五センチなのに兄貴の二七センチのゴム長を借りて履いていました。

ぶかぶかのを引きずって、カッポンカッポン一時間も歩いて行くとです。主な仕事はオヤジさんが競り落とした三〇キロも四〇キロもあるマグロを自分の店まで台車で運ぶことでした。

ところがこのオヤジさんに何かしらん、もの凄くいじめられたとです。

「このドジ！　マヌケ！　ウスノロ！」私は博多時代一度もノロマなんて言われたことがない。どちらかというと動きは機敏で頭の回転も悪くなかったと自負している。

毎日、毎日、「マヌケ！　テキパキ働け！　テキパキ！」。ヨソモノって感じがあったとでしょうか。

ある日、デッキブラシで床を洗っていたら客が私を見て「おや、新顔かい？」「おう、九州から来た山猿よ！　こいつのお袋は今でも上半身裸で槍持って猪追っかけ回してんだよ、ナァ？」今日という今日はカッときたが、耐えに耐えて冗談で返したとです。

「いえ親方、猪じゃのうてマンモスを追っかけとります！」

客が「ハッハッ！」と受けた。途端にオヤジにカツンとやられた。

ゲンコツではありません。マグロを運ぶためのごつい手鉤《てかぎ》の裏側の鉄の部分でカツンと殴ったのです！　目から火が出て、頭の奥でぷっちーんと何かが切れました。

「ナンカ、キサン！　やるとか！」

目の前にあったマグロ用の刀を持って立ち上がりました。「くそオヤジ、チャッチャクチャラにしちゃる～！」と刀を持って追っかけ回してしもうたとです、カッポンカッポンの長靴で……。

その後、守衛室でしょんぼりと小さくなっているところへオヤジさんがやってきて、ポンと背中を叩きました。「……悪かったな」「いいえ、僕のほうこそ……」振り向かず、背中を丸めて聞いたオヤジさんの声は涙声でした。

あ～あ食いたかもんたい……

博多を離れて役者への道を挫折し、初めての仕事が市場の若い衆でありました。納豆ばかりの食事から魚ばかりの生活に変わったとです。

市場では若い衆どうしの不文律があり、「おう、チョイと手ェ貸してくれ！」と声を掛けられると自分の仕事を中断してでも「あいよ！」と手伝うことでした。「ありがとよ！

おかず持って行きな！」とアジやサバをくれるのです。マグロの中落ちなどは若い衆に惜しげもなくくれたものです。

魚を干物にしたり煮たり焼いたり、毎日食べました。お米は高いので主食はパン。パンに煮魚、干物のサンドイッチ。横浜に来て三カ月しかたっていないのに考えるのは博多のことばかり。風景、食べ物……胸の奥にこみ上げてくる熱いものを必死にこらえて、魚ばっ食べました。

〽あ〜あ食いたかもんたい博多のおきゅうと、ふくやの明太、水炊き、ふくちり、がめ煮に白魚、かろのうろんに川端ぜんざい、西門《さいもん》かまぼこ、仁○加《にわか》せんべい、鶏卵そうめん、鶴乃子、ひよ子にちんやのバター焼き、明月堂はカステーラ。

一人宴会でブツブツ唄うとです。

「こらあ！　あんた達《た》ちゃあ知っとうや、〝おきゅうと〟ちゅうとは海藻を寒天で固めたもので朝メシにつきもんの家庭の味たい、がめ煮は鶏肉とごぼうレンコンやもろもろの野菜やらば煮込んだ母ちゃんの味たい！　あんたたちは〝ふぐ〟てにごるが博多は断じて〝ふく〟て言うと、福を呼ぶふく言うと！」

〽あ〜あ食いたかもんたい博多のラーメン、屋台の天ぷら、山笠ねじ切り、あさりの味噌汁、かしわ飯。

「あんた達ちゃあ知りめえもん、山笠ねじ切りちゅうとはな、山笠の直会《なおらい》で一本のちくわば男同士片手で握って同時にねじるったい。いわば男の契りたい」

〽あ～あ食いたかもんたいゴマサバ、おばいけ、塩くじら。梨柿栗は放生会《ほうじょうや》、東京ケーキに生姜漬《しょうがづけ》。

「あんた達ちゃあ知っとうや、東京ケーキちゅうとはピンポン玉くらいの丸いカステラ風のものに砂糖ばまぶしとうお菓子たい！」

〽あ～あ行きたかもんたい大濠《おおほり》公園中の島、西公園は花見の名所、南公園動物園、百道《ももち》で泳いでリヤカー部隊は西新《にしじん》たい、芝居も見るばい川丈《かわじょう》、多門座、大博劇場、東公園日蓮《にちれん》さん。

〽あ～あ行きたかもんたい平和台はライオンズ、白魚恋しい室見川《むろみがわ》、電気ホールは渡辺通り、アイススケートスポーツセンター、漢《かん》の倭《わ》の奴《な》の志賀島《しかのしま》、箱ふく食うた能古島《のこのしま》、雁《がん》の巣板付《いたづけ》飛行場。

もうキリのなか……初めて体験した大のホームシック。

マグロの仕事をクビになったら何をすれば良いんだろう。親方は私をクビにはしなかった、でもあの一件で気まずくなってしまったとでしょうね。ほどなく私はマグロの店を辞めることにしました。

親方は一〇キロほどの極上の部位のマグロを丁寧に包んで私に渡し、「持っていきな」とだけ言った。

一身上の都合

俳優を志し博多を離れ横浜へ……が中途挫折、思い切り田舎もん扱いされたマグロ屋を辞め、伝手もなく当てもない横浜で兄貴の世話でいろんな仕事ばしました。

最初は小さな印章店でした。「前月繰越」とか「代済」なんてゴム印を官庁や会社では新しい項目ができると必ず作ります。その注文を取りにいくのが私の主な仕事でした。

注文取りの仕事をしているうちに実印や社印を彫る職人さんの仕事に興味を持ったとです。小さな彫刻刀でコリコリ……うまいもんだなぁ〜！　私は昼休みに職人が不良品とした柘植《つげ》のハンコに「松崎」なんて彫ってみたりしておりました。

すぐにこれにのぼせて、昼休みになるとコリコリ……ポリポリ……。ある日、社長が机の上に置いてあったハンコを見て、

「これはお前が彫ったのか？」

「はい」

「うまいものじゃないか！　よし、お前明日から注文取りはいいから認印《みとめいん》を彫れ！」

たちまちハンコ彫りの職人さんになってしもうたとです。

もしかしたら私はこのままハンコ職人として生きていくのかとさえ思いました。が、二十六歳の社長の娘さんが従業員食堂で昼食の賄《まかな》いをしていたのです……。

ある日私に、博多弁で「好き」は何というかと聞く。「好いとうですね」。ニッと笑った社長令嬢、キャベツとメンチカツの皿を私の後ろから置きながら全従業員の居るなか、耳元で「好いとう～」と小声で囁《ささや》くのであります。

ある時はおでんで……ある時はサバ味噌で……。八〇キロはあろうかという三《み》つ編《あみ》にメガネの小型朝青龍が……。どうも冗談とは思えません。〝一身上の都合〟で退職しました。

今度は花屋に勤めだしました。初めは主人の助手程度の仕事だったとです。

「君はセンス良いから売りに出てみないか？」

主人が仕入れてきた花をリヤカーに仕分けして乗せて売り歩く。花の名もロクに知らない少年がである。各花の原価表を持ち、二十円だったら二十五円か三十円で売る。で、トータルで原価の倍にすれば残りは私にくれるというのだ。

こりゃあ張り切りましたばい！

「花や〜花！　花ば買うたらラッキーカムカム！」

博多で鍛えた香具師《やし》の口調で団地を回る。変な奴、とオバ様たちが群がってくれる。

「この花には何が合うかしら？」そげな事わからんけん、咄嗟《とっさ》に白バラとガマの穂を合わせ、

「へ〜そーこにイナバの白うさぎ〜」「あら良いわね〜」

いやぁー、売った売れたぁ。主人も大喜び！　そして言った。「前から支店を出したかったが、君に任せる！」

支店開店の三日前、主人の一人息子が交通事故で亡くなり主人がグシャグシャになんしやって……花屋ば廃業してしもうたとです。

最後がグズグズ

横浜で一九六一年、六つ目のアルバイトが薬問屋の営業マンでした。今までどんな仕事でもとことんのめり込んできたとですが、なしてか最後がグズグズになって……。

今度の仕事は歩合制と聞いて、大いに張り切ったのであります。朝九時十人ほどの営業マンが自転車で一斉に飛び出すのです。それぞれの営業の仕方の違いはあっても、大きな病院小さな病院手当たり次第に一日に二十軒も三十軒も御用聞きみたいに走り回るのが主流でした。

私は自転車で会社から二時間かかる大きな総合病院に的を絞った。競合相手がここまでは来ないだろうと思うたからです。それも内科一本に……。

「すんまっしぇん！　婦長さんはどちらの方でっしょうか？」

ナースセンターの受付で博多弁に気負わされたか受付嬢、「あ、あの方……」。私はネクタイを締め直して「はじめまして！　私、竜仙堂の松崎と申します！」名刺と近所で買ってきた和菓子の箱を差し出した。

書類から顔を上げた三十代後半と思われる大原麗子《おおはられいこ》似の美しい婦長さん、凛《りん》として「こんなとば持ってきたらいかんですよ！」ん？　とば……いかん……？　アッ!!

「婦長さん、九州の方ですか？」「博多ですが、どうしてわかったの？」そらわかるくさ！「私も博多です！」嬉しかった。横浜に来て初めて博多の人に出逢うた。

婦長さんもにっこり！　私は給湯室に飛び込みお茶をいれた。勝手に看護婦さんたちの机の上に菓子を添えて置いて回った。

「こん次からこげんとば持ってきたらいかんよ」「はい！」

思いっきり博多弁だった。西新生まれだそうな。初日なのに高価な薬品の注文を受けた。

毎日二時間かけて行き、二時間病院でお茶をいれて二時間かけて会社に帰った。婦長さんのエコヒイキで売り上げも上々だった。だが気になるのは婦長さん、いつも何やら悲しそうな顔になる。

「婦長さん、薬屋て儲かるとですよう。子どもん時歌わんやったですか、博多で、〽学校の前の薬屋さん、白墨削って粉薬、馬のションベン水薬、鼻くそ丸めて万金丹！」

笑った、笑った。格調高い婦長さんがころげた。「もう、すかーん」ですげな。横浜に来て初めて楽しくて充実した日々だった。

ある日どこかで忘れたと思ったハンカチを婦長さん「はい、洗っとったヨ」。きれいにたたんでアイロンまでかけてあった。そして言った。

「あんたも頑張り、私も頑張るけん」「ど、どげんしたとですか？」「うん、転勤」その日を最後に本当に居なくなられた。結婚して東京に行ったと聞いたが……。その噂は嘘であり、実はこの病院の一室で癌《がん》と闘っておられるというのが真相であった。

それ以来、婦長さんとは会えなかった。また最後がグズグズやが……。

今は看護師さんと呼ぶが、私にとってはやっぱり看護婦さんと呼びたい。

一発勝負の運転免許

博多から横浜に来て約二年、私は二十歳の誕生日を迎えました。郷愁に押し流されそうなプレッシャーの中で兄貴の伝手やその友人の世話でアルバイトに明け暮れましたが、そろそろ正業に就かねばと考えておりました。ある朝新聞の求人欄に目が留まりました。

「セールスマン募集」大手事務機器会社の正社員として採用するとあったのです。

「セールスマン！　いいやないか！」営業やのうて「セールスマン」という言葉の響きが何か知らん新しくて新鮮であった。

正社員として採用するだけの事あって、筆記試験、面接、身体検査、他に自動車運転免許取得の条件が付いていた。

前の薬屋さんの社内で乗り回していて自信はあったが無免許である。教習所があったが一カ月後の入社試験に間に合わんし、第一、金のないとです。

「よし！　ここは一発勝負たい！」

この時代は警察の試験場があったとです。ただしものすごく難しく簡単には合格できんとです。しかし合格すれば書類申請して十日で免許証を交付されるとです。

指定された試験場に行くと、早めに着いたはずがもう大勢の受験者たちがいて、一人の男を取り囲んで熱心に話を聞いています。

「俺《おい》らァ今度で七回目だけどよう、試験官に心証良くしねぇと絶対受からねえぞ！」「ど、どうすれば良いんで？」

「まず名前を呼ばれたらハイッ！　と大声で返事して、〝官〟が助手席に乗ってるからドアを開けて一礼して、よろしくお願い致します！　って言うんだ！」

なるほどと皆頷《うなず》く。「それからな」とその男はしゃがみ込み、全員催眠術にかかったみたいにしゃがむ。地面に指で図を書きながら、

「俺らァ今度で七回目だけどよう！　あそこのS字型に入る時な、右に大きく膨らませなきゃ曲がり切れねぇぞ！　車輪落っことしたら即〝官〟がサイド引いて〝落車！〟って降ろされるからな！」

みんな引きつっている。

私もいつしかその輪の中に入っていた。一斉にあちこちから質問の嵐である。私も聞いてみた。一時停止の時、左右を見るだけでいいのかと。「良い質問だ」七回目さん、ハデなアロハの袖《そで》をたくし上げた時ちらりと彫り物が見えた。

「小さな声で指差し確認なんかいいかもな」

試験官が来て、受験番号順に並んで、呼ばれたら返事するよう告げた。緊張の極である。

七回目アニさんは八番目、私は九番目であった。

「七番！　石川純！」「ハイ！」「八番！」そこまで聞いたとき、アニさん急に体を痙攣《けいれん》さ

せて泡吹いてブッ倒れた！〝や、やめてくださいよー、私の前で！〟

結果は八十七人の受験で六人が合格した。私はナント、その中の一人であった。会社から合格通知が届いた。今までの経験も少しは役に立ったとでしょうや……いや、あのとき救急車で運ばれたアニさんの指差し確認の教えが……。

一人どんたくと「空手チョップだよ～ん！」

博多の五月はどんたくですたいね。そのどんたくば他県の人は「何であんなに人出が多いの？　何をやっている祭りなの？」ってなるらしい。う～ん……放っといちゃらんね、博多の街ばあげての「超のぼせもん大会」ですたい！

その博多の街がどんたくで賑わっている頃、横浜でやっと正業に就き、新入社員の研修を終え事務機器のセールスに身を粉にしておりました。

私が売るのは主にコピー機。右も左もわからず、当時三十万円もする機械を少しずつ自分で売り込みに歩くようになったとです。

いくつもの会社を回って、初めて私からコピー機を買ってくれそうな会社に辿り着きました。それが横浜トヨペットという会社だったとです。

事務機器だから売り込み先は総務部、そこの課長がなんか知らん私に好意ば持ってくださったとです。総務部はほとんどが女性社員。

セールスマンは好印象を得ることが第一歩！　それにはいち早く社員の名前を覚えること！　そこで考えたのが給湯作戦！

給湯室にたくさんある湯呑茶碗《ゆのみぢゃわん》は大抵自前のものである。大きいのやら小さいのやら、勝手にお茶を入れて構わず社員に配って回る。

「あ、それ山下さんのよ」「それ私の！」

「ハイハイ、これが山下さんので、これが？」「私、田中ので〜す」

次の時は全員の茶碗と名前を覚えているという仕組みである。そこでデモンストレーションへ、

「ハイ、田中さんこの大事な書類を失《な》くしては大変、コピーしましょう！　鼻歌歌ってる間に出来上がります。〽ぼんち可愛いやネンネしな、品川女郎衆は十匁《じゅうもんめ》！」

歌って踊り、まさに一人どんたく。

「これからの時代はカーボン紙やらいらんとです！　この機械があれば十枚でも千枚でもチャカポココピーができるとで～す！　ハイ山下さん、彼の写真ばいつも持っていましょうね！」

あらかじめ持ってきたアラン・ドロンや裕次郎の写真をコピーして渡し、愛嬌振りまいてもう大騒ぎ。課長も「あなたのセールスは楽しいね、明るくてにこやかで」

明るくてにこやかというより、本当はしつこくて煩《うるさ》いと言いたかったのかもしれんですが。それでも毎日売り込みに通い続けたとです。

ある日何かが違う視線を感じました。〝ブルドッグ系のしかめっ面〟で私を睨《にら》みつけている人がおったとです。身長一七〇センチくらいの貫禄のスーツをビシッと着て、ポマードでガチガチのヘアースタイル、ポケットに手を突っ込んでくわえ煙草《たばこ》で眉間《みけん》に皺《しわ》。

「ぬあんだぁ～お前は～」とでも言っているような顔つきでじーっとこっちを睨みつけているのです。その二、三日後に今度はズンズン近づいてきます。私の目の前まで来て、腹の底から絞り出すようなダミ声でゆっくりと言いました。

「空手チョップだよ～ん！」

これが運命の出逢いとなりました。

空手チョップ〝ブル部長〟

「空手チョップだよ〜ん！」これが運命の出逢いとなりました。

やっと正社員として事務機器の大手に入社、複写機を買ってくれそうな横浜トヨペットにたどり着いたとです。当時三十万円もする商品です。総務課に一週間も通いつめ、好意的な課長にもう一歩で契約というところまできた頃です。

前から気になっていた、毎日総務課の入口からしかめっ面でこちらを睨みつけてる人がおるとです。

ある日、私はその人に軽く頭ば下げました。バチバチバチッ！　強烈な視線が返ってきました。「……ふん」その人は鼻で笑って去って行きました。

「課長、あの方は？」

「あぁ、営業部の川上部長だよ。今度トヨペット乗用車センターという子会社ができるんだが、そこの全権を任されている凄い人だよ」

当時横浜は日産の本拠地でした。日産といえばブルーバード、横浜トヨペットはコロナで対抗しようとしていたのです。そのための営業拠点が乗用車センターであり、川上部長はそこの総司令官だったのです。

それからというもの、総務課に必ず川上部長がやって来るのです。いつもブルドッグのようなしかめっ面で黙って私を睨みつけます。タバコの煙を残して去って行く川上部長に密かに〝ブル部長〟とあだ名を付けていました。

ある日のことでした。私が喋《しゃべ》っているとブル部長がやってきたとです。私を睨みつけたままズンズンと近づいてくるのです。胸の鼓動が高鳴り、私の目の前までやって来て腹の底から絞り出すようなダミ声で、

「空手チョップだよ〜ん！」

当時人気者だった力道山の空手チョップをスローにした動きで、手を水平に伸ばして私の胸を打ってきたとです。

〝なんならこら……？〟予想外のことで唖然呆然《あぜんぼうぜん》！ブル部長は嫌味《いやみ》の見本のような言い

方でアゴを上げたまま、

「ユーはなんて～名前か？」「あっはい、松崎と申します」

私は初めて知りましたやね、こげん威圧感のある人が世の中にいたなんて！　よく見ると大分頭が薄くなっています。喋ると前歯に金歯が見えます。それが余計にブル部長の威圧感を増大させとったとです。

後から知ったことばってん、この時ブル部長は三十三歳やったそうです。しかしその時は絶対に五十過ぎだと思っとりました。

「言っちゃあ何だけんども、ユーいい根性してますねぇ～！　空手チョップだよ～ん！」

二発目が来た。だよ～ん、の部分をやけに伸ばした間の抜けた仕草。

「ユーはここに良く顔を出すが、ここで機械は売れたのか？」

「い、いえ、ま、まだですが、それはもう足しげく通うしかないと思っておりまして……」

と私の言葉をさえぎるように低い声で、

「ユーはうちで車を売れ」

「はぁ～？」

夢はどこへやら、セールスマンに

「ユーはうちで車を売れ」「はぁ〜？」

いろんなアルバイトを経てやっと大手の事務機器会社に正社員として採用され、複写機ば売り込みに行っていた横浜トヨペットでブルドッグ系の強面《こわもて》、営業部の川上部長に声ば掛けられたのであります。

「ちょっとお茶飲むべ」

ある日、ブル部長は低いトーンでそう言うとついて来いと顎《あご》で合図して、スタスタと歩き出しました。「え、あっ、ハイ」。

ブル部長に連れて行かれたのは、当時できたばかりのマリンタワーの前のニューグランドホテル。あのマッカーサーまでが泊まったという由緒正しいホテルのレストランでした。すっきりと明るい窓際の席に、若き日の俳優山村聡《やまむらそう》氏がスタッフらしき人と一緒に座っていました。今でも忘れられません。ポークカツば食べござったとです。

「あれを食えよ、俺はコーヒー」

ガツガツとポークカツライスを食べる私ば見ながら、「まあ、こんな事を言うのも何なんだけんども……」ブル部長の喋り方は本当に独特でした。

「ユーはうちで車を売れ」

初めて食べたポークカツが口から飛び出しそうでした。さらに低い声で、

「えー？　おー？　どうなんだよーっ！」

「いやぁ、三十万の機械も満足に売れないのに百万もする車やら私に売れるはずがありませんけん」

謙遜して言ったわけではありません。当時の車といえば一財産です。今、マイホームを買うように家族全員が吟味して買う代物でした。そんなものを駆け出しのセールスマンのこの私が売るなんて、正直無理だと思うたとです。

「空手チョップだよ〜ん！」

テーブル越しに空手チョップが飛んできました。

「少なくともユーは明るく楽しい。自信なんか無くても俺が売らせる！」

迫力のチッコイ目は真剣でした。ブル部長は日本の車社会がどうなるか、今に銭湯に行

くにも豆腐を買いに行くにも自家用車で行く時代になる……。そげなバカなと思いながら聞いている私に、熱っぽく話してくれました。私は今、天下の横浜トヨペットの凄腕の営業部長にスカウトされようとしているんだ！　こげな若造をどうして？

なんとブル部長はそれから約二カ月にわたって私をくどき続けました。二カ月間、毎日毎日私の顔を見るたびに……。そして二台もコピー機を購入してくれたとです。

私は初めてチャックチャクチャラに悩みました。出来もせん事ば引き受けて……買いかぶられてるのではないか……。ばってが二カ月もくどいてもろうて、男冥利《おとこみょうり》に尽きるやないか！　俺は凄い人に出逢うたとばい！　よ～し俺はこの部長のために徹底的に仕えよう！　役者になる夢はどこへやら、私は横浜トヨペットのセールスマンになる約束をしてしまったとです。

私を優勝させてください！

一九六二年（昭和三十六年）三月、私は横浜トヨペットに入社した。ブル部長の一存により大卒扱いで、七人の同期の新入社員と徹底的にセールスカレッジで鍛えられた。

「いやぁ、あの頃のマッチャンは凄かったなぁ」

久しぶりに横浜で偶然出逢った当時の同僚、佐藤氏。小柄だが筋肉質で、ポパイのあだ名で通っていた。

「ほら、覚えてるかい？　セールスコンテスト」

これはセールスマンとしての能力の競い合いでした。乗用車のコロナを客に売り込む競技で、お客の役は何人もの重役たち、無論ブル部長も嫌味な顔で客になりきっている。

大卒の新入社員たちはどれもこれもしどろもどろで満足な売り込みができません。なかには本当に向いてないいんじゃないか、と思うほどダメな奴もおりました。

「えーとですね、これがですね……コロナ……でしたっけ？」

ブル部長、

「もういい！　次！」

「はい！　松崎雅臣やらせていただきます！」

パンフレットを持って重役たちの前に躍り出て、内心ドキドキ、一心不乱！

「奥様、失礼致します。横浜トヨペットの松崎でございます。松崎でございま～す」

さりげなく自分の名前を連呼して重役たちにアピール。

「これからは日本にも車社会がやってまいります。アメリカと同じ、一家に一台！　ちょっと食料品を買いに行くにも銭湯に行くにも車でという時代になるんでございます！」

このセリフ全部、ブル部長の受け売りである。

「そこでお勧めなのが、トヨタ自動車が世界に誇るコロナ！　コロナ！　よかローナでございます！」

セールスマンというより、博多で覚えた香具師《やし》ですたいな。

「えー、今までのコロナは丈夫な国産ということもあって、不格好《ぶかっこう》のズングリムックリでありましたが、この春デザインを一新！　見よ、この流れるような夢の流線形を！」

パンフレットを重役たちに見せて歩きます。

「さあ、ご覧ください！　こちらが実物の写真でございます！」

それを見て重役たちがクスクス笑っています。私が見せて回ったパンフレットにはマジックインキで大きく「私を優勝させてください！」と書いておいたのです。

とうとう会社の重役たちが爆笑してしまいました。優勝すると金一封がもらえるだけでなく、有望な新人というお墨付きがいただけるのである。

「フェッフェッフェッ！」

ブル部長がひときわ大声で笑い、隣の重役の背中をバンバン叩いていたのが何か嬉しかった。

セールスカレッジの教習の中には一台の車をバラバラにして何分で組み立てられるかというコンテストもあった。ブル部長の後押しで勝った。私を気にかけてもらうとが嬉しかった。

口にするとは、ちい～とばかり恥ずかしかばってん、人とまじめに付き合うてきたけんやろう、人より一杯仕事ばしてきたけんでしょうね……と思うた。

最初の販売は無免許のお客

私が最初に車を売ったお客さんは乗用車センターの店頭で捕まえたお客さんでした。

当時の私はお得意様もなく、テリトリーもない。「お前はしばらく店頭で勉強したほうが良い」と部長に勧められたからでした。

店頭販売というのは、暇なときは車にワックスばかけたり周りを掃除したり、何かと雑用がつきものでおまけに当時は車屋にぶらっと入ってくる客は滅多にいません。お客と接する時間はごくわずか。

ところがある日、品の良い三十代のお父さんが女の子をおんぶして、それこそぶら～りと入ってきたとです。若くて美人の奥さんも一緒です。

「いかがでしょうか？　トヨペットのコロナ！」

満面の笑みをたたえて私が忍び寄ります。

「キレイだね、これ新車かな？」「いえいえ中古車でございます」

「これで中古？」「ハイ、まだ二〇〇〇キロしか走っておりませんで」

「事故車か何か？」「とんでもございません！　このお客様は車を買った途端に外国に三年ほど行くことになって、泣く泣く手放されたんでございます！　確かお医者様でございましたか……」

ほとんど私の作ったストーリーであります。

「そうか〜。この車欲しいねえ、ミキちゃん」「欲しい！」

背中の子どもさんも元気に答えます。

「だけどダメなんだよね〜。免許持ってないから」

思わずコケそうになったとですが、ここでめげたらいかんとです。

「あの、私、自動車学校の校長と親しくしておりまして、どうでしょう、この際免許をお取りになりませんか？　普通より十日も早く取れますよ」

「本当に？」「はい！　入学手続き等書類の提出すべてこの松崎が致します！」「そうですか……」「この車、押さえておきましょう！」

車に〝売約済〟の札を貼り、とうとう初契約を結んでもらったのです。が、それからが大変、横浜中の教習所を一軒ずつ巡り、どうかひとつ！　どうかひとつ！　と十日で取れるように校長に直談判！

その時代の教習料は高く受講者が少なかったせいもあって、私の誠意?も通じてか、ある教習所に協力してもらい、本当に十日間で取得したとです。一日一時間乗るのを三、四時間乗せてくれたということでした。

さすがに私も不安になって「大丈夫でしょうか、先生？」と校長に聞いたら「う〜ん、わからない」。五十年も前の話やけん、時効ということで……。

それればブル部長に報告したとです。

「何！　免許のない客に売った!?」「はい！　すべて十五日以内に納車します！」「松崎！」「はい！」ブル部長は私をグイと睨みつけて、「空手チョップだよ〜ん！」。

久しぶりに例の空手チョップを繰り出しました。

「ユーはよう！　いい根性してますねぇ！」

この大久保ユーザーとは今でも親しくお付き合いをさせていただいています。

ノルマ〜の日々

一月二日は父親の命日、十日は私の誕生日、一月は私にとって生涯忘れることのない月なのである。子どもの頃は、
〽村の渡しの船頭さんは今年六十のおじいさん〜と六十はジーさん、と思うとったとで

すが、私はこの十日で……ま、いいか！

思い返せば、十九歳から二十一歳頃は車のセールスマンで、正月どころか盆もない。日曜も祭日も朝から晩まで休みなし！　今でもようわからんとですが、「勤労感謝の日」て誰が誰に感謝ばする日ですかいな？

とにかく私をスカウトしてくれたブルドッグ似の川上部長に恥をかかせんごとそらあもう、必死で仕事ば覚えました。

入社したらブル部長の凄さは想像以上。灰皿は飛ぶわ、電話の受話器で三十四歳の部長が五十歳の課長を張り倒すわ、自分の指が折れたほど拳を壁に打ちつけ悔しがり檄《げき》を飛ばす！

今のサラリーマンは信じられんでしょうが、今でもブル部長の「ノルマ〜！」という叫び声で目の覚めるとですけん！

まさに企業戦士！　愛社精神という言葉があるが、そげな生易しいもんじゃない。

「俺がやらなきゃ誰がやる！」

そんな使命感のようなものがブル部長を突き動かしていたんだろうと思うとです。

「文句あるなら、やっての孝行！」

ブル部長の言葉。やって駄目ならそれはわかるから何も言わない。そのかわりやりもしないで文句ばかり言ったり、自分の権利を主張したりする奴には徹底的に怒るわけである。入社したてのホヤホヤの時に、月に二〜三台のノルマって大変でありました。何の伝手《つて》もなく、要領もわからんのですから。でもとにかく「やっての孝行」で何とかクリアしようとね。このブル部長、そういうところをちゃんと見る。

例えば月末、どうしてもあと一台うまくいかない……一日中駆けずり回っても結局ダメで憔悴《しょうすい》しきって夜中に帰ってくると、他のセールスマンの目を盗んでそっと「ン」と何かを渡してくれるんです。何かなと思って見ると、松崎扱いになっている書類が一枚！

この一枚で私のノルマ達成ということである。その最後の一台を自分のところにきた注文の中から回してくれた。

現場を踏んでのし上がった人だから、どうしてもブル部長から買いたいという以前からの顧客がいっぱいいるんですよね。

そういう注文書の中から、苦労して「やっての孝行」をしてそれでもダメだった私にそっと渡してくれる。部長は何も言わないけれど、ちゃんと見ていてくれたんだと思って、胸にジーンときて……。

こっちも黙って頭下げて。仕事をしないでえらそうな口をきいてる奴は容赦なくぶん殴っていた半面、仕事をしている奴にはちゃんと温情で報いてやるというこの人情味。やっぱり凄い人でした。

ノルマ締切りリミット二時間……

三十四歳の若さで並み居る営業所長たちに豪語していたブル部長。

〝私は営業の神様！　ノルマ達成できない営業所は屑！〟

その月、私のノルマは八台になっていた。私は何とかクリアしたとですが、我が営業所全体のノルマが締め切りの三十一日になっても達成されとらんとです。こんな事は初めてでした。

午後になってもまだノルマに届かない。そして夜九時を回り……残ったノルマはあと一台。全社員、帰る者は一人もいない。「あと二時間あるじゃないか」ブル部長は自分に言い聞かせるようにつぶやきました。そしてデスクに私ば呼んだとです。

「松崎……何とかならんか」部長の目は弱々しかった。

「今日中にあと一台、方法は任す。やってみてくれ……頼む」

ブル部長は頭を下げげんしゃった。入社一年目のこんな私に！　じわっと目頭の熱うなりました。

向かった先は私が初めて車を売った、無免許だったあの大久保さんのところ。あれからあとに新車に替えてくださり、とても可愛がってもらい親しくお付き合いさせて頂いていたのです。

大久保さん宅に着くと、もう電気が消えて真っ暗になっています。まずいかなぁと思いつつ、「ピンポ～ン」。

……もう一度押そうかなと思ったころ明かりが点《つ》き、すっかり寝支度《ねじたく》の奥さんがドアを開けてくれました。

「あら松崎さん、どうなさったの？」

「夜分に申し訳ございません。ご主人にご相談したいことがございまして」

「主人はもう休んでますけど、お急ぎなの？」

「はい、何としても……」

パジャマ姿の大久保さんが起きてきました。「おー、どうした？」応接間のストーブがつけられたが、なかなか本題に入れません。

「今日中にあと一台契約を取らないとうちの営業所のノルマが達成しないのです」

「今日中？　もういくらも無いじゃないの」

「ハイ……あの……それで大久保さんに……」

「えっ私に車買えって言うの？」

「……ハイ」

「だって私は運転が下手だからまだ一〇〇〇キロも走ってないよ」

「それは重々わかっております。形だけで結構なんです。書類だけ作って、明日解約してくだされば」

「……あのね、私は君が好きだから君が一番困った時に来ればいいんだよ。今がその時かな？」

「はい！　今大変困ってます」

大久保さんは奥さんを呼びました。

「現金は少しあるかな？」

「三十万円くらいならありますけど」

「持ってきなさい」

えっ！　そ、そんな！「あ、ありがとうございます。会社をあげて値引き、そしてサービスさせて頂きます！」

「サービスはいいから、一つだけ条件を聞いてくれる？」

大久保さんは言いました。

「一週間に一度、うちに来て家族と一緒に晩飯を食べること、できる？」

……涙のポロッとこぼれて膝に落ちました。私は頭を下げたまま、しばらく顔を上げることができませんでした。

自分なりのセールス秘策

昭和三十年代はモーレツ社員がたくさんいました。その代表がブル部長！　その部下たちもユニークなセールスマン揃い。それにお客様も人情味にあふれ、シャレや冗談の通じる温かい人たちばかりでした。

車のセールスマンにはノルマと言うものがあります。その配分はすべて部長が割り当てる。部長の決めたノルマは松崎なら月五台は売ってくれるだろうという信頼なのです。その信頼を裏切りたくない。みんなそれだけで頑張りました。

それぞれのセールスマンは自分なりの秘策があったのです。私の場合、基本中の基本〝飛び込み〟でした。テリトリー内でこれは、というところに片っ端から売り込むのです。

ある日、横浜の馬車道にあるかなりハイレベルの「村上理容室」に飛び込みました。女性ばかりの職人さんで、若い女主人に名刺を差し出し早速売り込み！　女主人も然《さ》る者、「考えておきましょう。で、頭どうします？」「リ、リーゼントにしてください」つい言うてしもうたとです。

女主人の腕は天下一品！　ポマードをつけてビシッと決めたオールバックはジェームス・ディーンのごとありました。

「お～かっこ良かですねえ！」

思わず出た博多弁に女主人もクスリ。

翌朝起きたら、せっかくのリーゼントが寝癖でチャックチャクチャラ、水で濡らしてポマードつけ直していじればいじるほど、鉄腕アトムのごとなったり場末のチンピラのごとなったり、昨日のディーンはどこへ行ったとかいな。

二日続けて村上理容室のドアば押しました。アラ？　という感じの女主人。

「自分でしてもセットの決まらんですけん、今日から毎日来ます、お願いします」

「二カ月毎日来てくれたら車買ってあげますよ！　おほほ……！」

一回セットすると二百円、一カ月で六千円、大変な出費。私は村上理容室に賭けた。冗談で言うたとでしょうが、二カ月目本当に新車ば現金で買うてくれました。

それから私も会社ば辞めるまで、毎日村上理容室に通いました……毎日。

平日の昼間なら大抵、奥様が居て他社の車を所有のお宅に飛び込みます。

「私、トヨペットの松崎と申します。今、お宅様の車を拝見しましたら日産のブルーバード。素晴らしい車でございますよね。お手入れも大変行き届いて……。それで恐縮でございますが、水道がございましたら気になるところがありますので、洗わせてください」

と車ば洗《あ》ろうてしまうとです。洗い方もブラシは決して使わず、極《ご》く薄い自前のセーム皮でなめるように洗う。セーム皮だと小さな傷でも手に伝わる。丁寧第一で、真冬でもワイシャツをまくり裸足でやる。毎日そのお宅に二度三度行き、また洗っちゃう。

「こんなにしていただいて、主人が今度会いたいと申しておりました」

とチャンスが訪れる。そこを逃さない。

私のノルマが月九台になってしもうた。

実況！　納車の一日

車のセールスマンになって一年たった頃、私のノルマは月に九台にもなった。三日に一台受注せないかん計算になる。その代わり、九台のノルマを達成すると一律一万円、つまり基本給プラス九万円。しかし八台しか売れないとバックマージンとして一台千円で八千円と基本給しかもらえんとです。

大卒の初任給が一万三千八百円の時代です。今までのアルバイトも考えると大変な収入です。私をスカウトしてくれたブル部長を裏切らんごと必死にやった結果であろうと思うとります。

こんなときに月に二十二台売ったことがあります。これはもう私の限界でありました。当時のトヨペットコロナは七十三万九千円、今でいえば家を一軒建てるような大きな買い物でした。

当時の納車は一日がかり、ユーザーさんは一様に大安吉日に納車を望まれる。まず午前十時ごろ、車を届けるのです。家族総出で私を迎えます。ご主人、奥さん、じいちゃんばあちゃん、子どもたち、近所の人たち。

「オー！」ピカピカの新車に感嘆の声。近所の人が「やりましたな山本さん！」「ウン、ウン」涙ぐむご主人。

まずは車の点検！　右から左から上から斜めから、全員が鼻くそほどのゴミが付いとってもも許さんとです。これが一時間！　次が試乗！　町内一回りはまだ甘い、近いところで横浜から鎌倉まで、遠いと熱海、伊豆のほうまでなんてこともありました。

なんと重箱の弁当に魔法瓶に果物まで用意して……。走ってる最中にクソガキが、イヤ、お坊ちゃんが言うとです。

「あっギシギシ音がする故障車だ！」

そりゃギシギシ言いますくさ！　五人乗りの車に八人乗っとうですけん。

旦那に奥さん、じいさんばあさん子どもが三人、私はばあちゃんの足元のフロアに不自然な格好で身動きできんとですけん！

これが約四時間、ご自宅に帰り着くとそこにはなんと神職が正装して御幣《ごへい》を持って、しめ縄あり、御供物《おくもつ》まであり、車を所定の場所に安置し全員頭を垂れてお清め。「祓い～たまえ～清め～たまえ～」もう夕方です。

ここから必ず一悶着《ひともんちゃく》あります。曰く「ハンドルの位置が正常でない、アクセルが重い、ブレーキが片効き、シートがギシギシ鳴っている、タペットが鳴っている、新車なのにオドメーターが一〇〇キロにもなっている」等々、間髪入れずに言います。

「さすが専門的なご指摘、徹底的に調べさせます。次の納車まで二十日ください！　今日は持ち帰ります！」「あっいいよいいよ、私の勘違いかもしれない」

やっと約束手形にハンコをもらいます。それから赤飯で祝宴、終わりが夜の八時、九時……全部が全部ではありませんが、二十二日間これでは次の月のセールスができませんでした。

それにしても稼いだ金どげんしたとかいな……。あ、飲んだとか……。

ホスト先輩の「どうかひとつ！」

青空に放射線状に張られた風になびく万国旗、ズラーッと美しく並べられた車！　それはもう壮観でありました。同じ敷地に建てられたプレハブがトヨペット乗用車センター販売本部。

「空手チョップだよ〜ん！」と奥のデスクにドンと居座り陣頭指揮を取るブル部長！　配下には選りすぐりのセールスマンたちが集まっておりました。

ブル部長が一人ずつ声をかけて集めたとでしょう。この仕事、自然とお客の専門分野ができるもので、女性専門、医師や弁護士等堅い人、建設関係等。その女性専門が私の尊敬する先輩の一人、内田氏。

長身で髪はリーゼントに決め、仕立ておろしのスーツに絹のカラーシャツ、金のカフスにタイタック！　清潔でハンサムのホストクラブのホストそのもの。

ある日、朝のミーティングの時メカニックから「山口さんの奥さんから電話です、エンジンがかからないとかで」「こっちに電話回して」と内田氏。みんな一瞬止まって内田氏に注目。

「ちょっとすいません」と言いながら悠然とネクタイを直し、頭を撫で付け突然、

「あ〜！　どうも〜！　奥様〜内田でございます。どうなさいました？　エンジンがかからない？　あ〜奥様、寂しゅうございます〜悔しゅうございます〜。修理部に電話を入れる前に内田きてくれとな〜ぜ仰ってくれないのでございますか！　どうかひとつ……どうかひとつ……そういうお気遣いは……どうかひとつ！」

みんな呆然と見てるだけ。いつものダンディな口調と全然違うビブラートが利いて震えるような高い声が素に戻り、「部長、ヘルプに松崎を借ります」。

ホスト先輩について山口宅に着くと、上着をポーンと地面に脱ぎ捨て、その日は真っ白のワイシャツ金のカフス。そのままボンネットを開けて頭を突っ込みます。

「あらあら汚れちゃうじゃないの」

「そういうお気遣いはどうかひとつ！」

我々セールスマンもメカニックの教育を受けているので小さな故障など簡単に直してしまうとですが「うーん、わからないなぁ」と時間ばかけるとでした。隙を見て手でワイシャツや顔にペタペタとオイルをつけて頃合いを見て、エンジンばブルン……。

「奥様、やっとかかりました！」「悪いわねぇ、あら～そんなにシャツ汚しちゃって」「何のこれしき！　奥様のためならどうかひとつ！」ワイシャツなど、会社のロッカーに山と積んであるとです。

後日、その奥様が英国製のワイシャツ生地と仕立券を持ってやってきました。このときのホスト先輩の信用は絶大なものです。奥様の紹介でその日のうちに一台受注しました。シャツ一枚で車一台売るという、ものすごいセールス根性を目の前で見せてもらいました。

機知機転、機敏、ブル部長の教えです。

第4部　日本一のコメディアン！

夢のぶり返しと出発

諦めかけていた芸能界への夢を突如ぶり返させたのは、週刊誌で見た植木等《うえきひとし》の付人《つきびと》兼運転手募集の記事でした。

一九六三年（昭和三十八年）十一月のことである。ブル部長の「ユーはそっちの才能がある」その言葉をきっかけに、東京の渡辺プロを訪ねることになったとです。

面接は午後五時から。ところが当日、どうしても外せない仕事ができてしもうて、それが終わるとが四時半。横浜から東京の有楽町まで三十分はキツイ！

「大丈夫、俺が送ってやるから！」そう言ってくれたのは、他班の係長・通称小判ザメ。髪の毛をベターとポマードで固め日和見で自己主義、上目遣いで人を見る、人に好かれるタイプではないと思っていたその係長が、

「俺は東京中野に住んでるんだ、東京の道はお手のもんさ飛ばしてやるぜ！」

私のために……本当は良い人だったんだ……嬉しかった。私は晴々とした気持ちで助手

席に乗った。飛ばす飛ばす抜け道を縫うようにして……ところが、渋谷あたりで事故渋滞にハマってしもうた。小判ザメ係長、顔をゆがめてハンドルを叩く。

当時は携帯電話やら無いとです。タバコ屋の赤電話を見つけ、ジーコジーコダイヤルば回す。

「今日面接を受ける松崎と申しますが、申し訳ございません、私の判断の誤りで、少し遅れそうなんですが……」電話に出た担当の人が「あ～大丈夫待ってますから、気を付けてね」って言うてくれんしゃった。

面接は終わっとりました。五時の約束が六時半過ぎに会場に着いたとです。そしてそれから四日後、四百人の倍率を突破して付人採用という通知が届きました。

真っ先にそれを喜んでくれたのは小判ザメ係長でした。小判ザメ係長はお祝いに横浜野毛にあるふぐちりの店に連れて行ってくれました。当時もふぐは高級品です。酒をさしつさされつ嫌な奴と思われていた係長、最高の人でした。

翌日ブル部長に報告に行ったとです。セールスマンが出払って閑散としたセンターで書類から目を上げた部長が、

「どうした？」「……この間お話しした植木等の付人の件、採用になりまして……」「そう

かあ〜！」

ブル部長は、大声で私を祝福してくれ満面の笑みで言いました。

「空手チョップだよ〜ん！」そして間をおいて、「お前がいなくなると淋しくなるな」。

こういうとき、私はいつも言うべきことはたくさんあるのに、感謝の気持ちも詫びたい気持ちもあるのに、何も言えなくなってしまうとです。

「松崎、派手にやってこい！」ブル部長はモーレツな人でした。自分にも他人にも厳しく仕事一筋に生きた人です。

「長い間お世話になりました」「空手チョップだよ〜ん！」バシッと胸に当たり……。

それから四十数年たった今でも、夢の中で叫んで目を覚ますことがある。「ノルマ〜！」と。


あくまでも付人《つきびと》兼運転手だが……

年が明けた一九六四年一月から、私は念願の植木等の付人兼運転手に採用された。なんと四百人の中から一人だけ選ばれたとです。ハンカチ王子じゃないばってん〝私は何か持ってる〟と前途洋々の出だしに有頂天でありました。

しかしよう考えたら履歴書と軽い面接だけで四百人の中から選ばれたとです。歌ったり踊ったり課せられたパントマイムやら得意の持ち芸ば見せろというオーディションも無いで合格ちゃあ、なしてかいな？　受験用のバレエのタイツまで持って行ったとに……。私がイケメンやったけんやろうか？

違った違った大違い！　選ぶほうはタレントを選ぶ気でいたわけじゃない。あくまでも付人兼運転手である。タレントを育てようというのでもない。運転手と付人ができれば良い。そうなると真面目でキチッとした奴が良いに決まっている。

そうなりゃあ私は今まで社長とか弁護士とか医者を相手に当時百万からの取引を毎月一千万近く売っているわけだから、他の受験者より段違いの大人に見られ、そのあたりが採用された理由だったとでしょう。

しかし芸能界に足を踏み入れ、大好きな植木等に仕えてそばに居ればいつかチャンスは来るだろう……と、のぼせもんの血がたぎり始めたとです。

植木等の付人兼運転手時代の著者

当時植木等師は肝臓病のため入院なされておりました。

初面会の日です。大きな病院の最上階の個室、冬の日差しが差し込むベッドの背を起こし、温かそうで品の良いガウンを着てその姿がキラキラと輝いて見えました。

そこにいるのは、まさに大スター！　オーラが溢《あふ》れ出ており、テレビで見るより大きく大きく見えました。顔のあたりが逆光で、ちょうど仏様の後光のように見えました。

「松崎雅臣と申します。宜しくお願い致します！」師の目が緩み、そして低い、太い声で「植木です」。緊張で震える私

を見て、

「セールスマンの仕事の未練はないの？」「ハイッそっちとこっちとどっちが良いのかと
いうとこっちのほうが……」

しどろもどろの返答になってしもうたとです。

「そうか僕と同じだ僕もね、実家の坊主を継ぐかこっちの世界でやるか散々迷ってこっち
を選んだんだ」

初対面の付人に、私も同じだったと励ましてくれたとです……。

「君は僕のことを何て呼ぶことにする？　先生なんて呼んだらハリ倒すよ！」

間違いなく植木等のそばに私はいるんだって実感したとです。

そしてこうも言ってくださった。「君は早くにお父さんを亡くされたそうだが、僕を父
親だと思えばいい」一生この人に付いていこう……。

「あのう……オヤジさんとお呼びしても良いでしょうか？」

「よし！　それいこ！」

軽く人さし指を私に向けた格好は「ハイ！　それまでよ」のポーズだった。

登場〝三日先輩〟のライバル

初めて植木のオヤジさんにお会いした日の事である。当時オヤジさんは三十七歳、仕事のハードスケジュールが祟《たた》って肝臓病で入院していました。

大病院の最上階の個室。テレビや映画で何度も見てきたスターの笑顔が間近にありました。よしこの人にどこまでも付いていこう！　私は四百倍という難関をくぐり抜け大スターのそばにいる事が許される黄金のチケットを手に入れたんだ。私にだけ与えられた特権なんだ！

天にも昇るような気分でいたのもつかの間、次の瞬間私は奈落の底に突き落とされました。

「先生、新聞買ってきました」「おう、ありがとう」

キョトンとしている私にオヤジさんは「松崎君、君の相棒だ。仲良くしなさい」「は？」

相棒と言われたその男は身長一八〇センチもあろう大男で水谷豊《みずたにゆたか》とは似ても似つかぬ坊

主頭。「池田です。しくよろ！」芸能界用語でよろしくと言っているらしくニッコニコ顔で右手を差し出した。

相棒？　私にはまったく訳がわかりません。「二人で協力して頑張りなさい」……あぁな～んや先輩のおったとか！　植木等ほどのスターになれば、それも当然たいね。ばってんが正直ガッカリしました。

イガグリ頭と廊下で二人きりになった時に私はそっと聞いてみた。

「あの、池田さん」「ん？」「池田さんは何年付人をなさっているんですか？」イガグリ頭は人懐っこい顔で私を見て「アハハハ、まだ四日目や」。

なに～っ！　たったの三日違い？　なのにこの慣れきった態度は何なんだ。

彼は大阪出身で某大学の野球部のピッチャーをしていたらしい、プロを目指していたが肩を壊して断念したと。「で、役者でもやろうと思うて」役者でも？　命がけで役者になろうと決心していた私はその言葉にグラグラこいたとです！

そんな私の気持ちも知らずにイガグリ頭は通りすがりの看護師に「ヨッ！」なんて親しげに声を掛けてます。

聞けば私と同じ週刊誌の公募を見て、書類審査も面接も無視してお母さんと一緒に上京し直接オヤジさん宅に来たらしく、私はすでに内定していたがあまり母親が熱心だったので「一人も二人も同じ事だ、まあ良いか」と彼を採用したそうである。

ならクサ、四百倍を勝ち抜いた私の立場はどげんなるとですな！

「ま、たったの三日とは言え僕が先輩になるワケやから何でも相談してや」

笑顔いっぱいニコニコのイガグリ頭。それに私より一つ年下と言う。

私は割り切れん気持ちば抑えて心に誓うたとです。「よーし！　絶対こいつだけには負けてなるもんか」と……。

二段ベッドの上と下

晴れて植木等の付人となった初日からライバルが出現、ほんなごと芸能界は厳しい世界やったとです。

付人としての仕事がやりやすいようにオヤジさんの自宅から近い世田谷の経堂《きょうどう》にイガグ

リ頭の池田君とアパートを借りて共同生活をすることになったのです。

付人兼運転手としての給料が月七千円、池田君も免許が無いのに七千円。六畳一間共同トイレ、風呂ナシ、全部で十室くらいの木造アパート室賃が六千円でした。

オヤジさんの家に近いし、商店街がすぐそばで便利、学生専門であったが大家さんが私たちを気に入ってくれてすぐ契約、いや植木等の信用で貸してくれたとでしょう。

家賃は池田君と折半で三千円ずつ、七千円の残りは四千円。ラーメンが四、五十円の時代とはいえ生活はかなりきつかとです。私はつい一カ月前まで月十万円程度稼いでいたのです。なまじ贅沢を知ってしまっただけに、相当まいってしまいました。

しかし貧乏生活よりもっと困ったことがありました。どっちが悪いというわけではないとですが、私と池田君の性格が水と油でまったく噛《か》み合わんとです。

私は何事も折り目正しく一本筋を通さないと気が済まない細かいことが気になるタイプの人間である。そこへきて池田君は根っからの天真爛漫《てんしんらんまん》！　人に気を遣うということがまるで見えない。

まあ私は早めに社会人として揉《も》まれたが、彼はついこの間まで学生だったからなと思っていたが、サイフの紐《ひも》は固いうえに、母親から仕送りまで受けていた甘えん坊だったのです。

狭い六畳一間に無神経な彼と布団を並べて寝るのはどうしても我慢できず、二段ベッドを買おうかと提案したとです。彼は金を出す気はサラサラなく、仕方なく私が持っていた英国製のコートを質に入れて二段ベッドば買いました。「まっちゃん悪かったなぁ」池田君、ニッコニコで笑ってます。

さて二段ベッドの上と下、普通寝台車でも下の段のほうが値段が高い、下のほうが寝心地が良いに決まっている……。まあ私がお金を出したんだし、当然、私に下を選ぶ権利が……と思いながら見ると、池田君もう下段に寝転んでいます。

「あれ？　池田君下？」「うん、僕高いとこ駄目やから」「いや、私も高いとこは……」「こんな高いところから落ちたらえらい事になるで、その点まっちゃんは軽いから平気やろ、ハハハ」

ばかちんが！　私だって落ちたら痛いよ！　これは何としても異議を申し立てて下段を勝ち取らねばなるまい！　そう思ってもう一度池田君を見ると、ガーガーとメンタイみたいなぶ厚い唇を半開きにしてもう寝ている。

その顔の無邪気なこと……ガタイはでかいが、悪気のない子どものように見えました。

あ〜もうよかたい！

酔い潰れ門前に死す

一九六四年（昭和三十九年）二月二十六日は今でも忘れない特別な日として覚えています。二月二十五日は植木等師の誕生日。その頃、クレージーキャッツの忙しさは大変で、一週間で十時間しか眠れないときもありました。付人として間もない緊張の連続だった頃です。

「今日は私の誕生日だ、家族で祝いをやるから君たちも来なさい」

と池田君と二人お招きを受けた。お赤飯に鯛の尾頭付き！　リビングのサイドボードには外国の見たこともないような高級なお酒がズラーっと並んでいます。

「おー、こういう時は世間じゃ酒を飲むんだよナ、どれが良いんだ、あ？」

「いやー、国産のウイスキーとかあれば最高ですが……」

「ウイスキー？　これか？」

「それはワインで……」

「じゃあこのおっさんがステッキ持って歩いてるやつか？」

オヤジさんはジョニーウォーカーのキャップをカチッと切って、なんと飲み口が朝顔形のビールやジュースを飲む大型のタンブラーに直接注ぎ始めたとです。

カポカポケポカポ……。水も氷もなし。タンブラーにストレートで口いっぱい！

「さあ遠慮せずに飲め！」

えっ、これば!?　芸能界ではこういう飲み方をするとかいな？　私がひと口飲むとカポカポ……。

「どんどん行け！　遠慮するな、好きなんだろう？　ぐーと行け、ぐーっと！」

お酒を一滴も飲めないオヤジさんはウイスキーの飲み方をまるで知らんかったとです。

池田君も下戸《げこ》でした。私一人置いてサッサと帰ってしまいました。

「俺は全然酒が飲めないが、君は飲めるから俺より一つ楽しみがあっていいな」

私はもうレロレロでした。オヤジさんにお礼を言って玄関を出た私は、門の前にバッタリ倒れて、朝までぐっすりと眠ってしまったのです。

目の覚めたとが朝の七時三十分、ちょうどオヤジさんを迎えに行く時間です。服の汚れを払ってチャイムを押しました。出てきたオヤジさんに、

「おはようございます！」

「お！　お前早いなあ」

そりゃそうです。門の前に寝とったですけん。

「それにしても君みたいに酒の強い奴を初めて見た」この日が二十六日です。代々木国立競技場で映画『日本一のホラ吹き男』のロケ。頭はガンガン！　胃はムカムカ、その日だけはフットワークで池田君に負けたかもしれません。

それでもオヤジさんにピッタリ寄り添って、ディレクターズチェアに座るオヤジさんにタバコの火をつけた瞬間、

「ハイ！　タバコは灰皿のあるところで吸うてください！」

……うん？　アクセントが博多弁に似とうね。ひょいと見ると、石油缶に針金の柄《え》の付いた灰皿ば二つ持った学生服の若者が目に入った。

「あっ先輩！」

「あらあ～！　新開君やないね！」

その人こそ博多の「珈琲のシャポー」の若き日の新開盛弘氏でありました。

あつかぁ〜！

東京オリンピックの一九六四年に、出来立ての国立競技場で、東宝映画・植木等主演の『日本一のホラ吹き男』のロケが行われた。観客のエキストラが千人！ 大作である。四万人の観衆が入っている設定に千人で熱狂のシーンを作る。競技をするトラックの中から右向きに会話のやり取りを撮るときは、バックに群衆が映るよう千人を移動させる。左向きなら左側、という具合である。つまり四万人の群衆を千人で賄うというのである。助監督がメガトラで声を嗄《か》らす。その日私は二日酔いでありました。前日はオヤジさんの誕生日でご馳走になり、酒を一滴も飲まない、飲み方を知らないオヤジさんに、水も氷もないウイスキーのストレートをタンブラーでカポケポ……。門の前で死にました。撮影が一段落ついて、椅子にかけたオヤジさんにタバコの火をつけた途端「ハイ！ タバコは灰皿のあるところで吸うてください」。朦朧《もうろう》とした頭の中に低音で歯切れの良いどっかで聞いたことのあるような博多弁!?

ひょいと見ると、石油缶の灰皿ば二つ持った学生服の若者が目に入った。

「あ、先輩！」「なんね、あんた新開君やないね！」

その彼こそ、今や博多で著名な喫茶店「珈琲のシャポー」の経営者、若き日の新開盛弘氏でありました。彼は博多二中の後輩である。頭はサッパリ坊主頭。

「先輩なしてこげな所におらっしゃぁとですか？」

博多ば出てから初めてほんもんの博多弁ば聞いた。

「それがくさ、さっちがコメディアンになりたかて思うて、高校ば出たらすぐ出て来たったい、いろいろあったばってんがようやっと尊敬する植木のオヤジさんの運転手にさせてもろうたったい！　で、あんたここでなんしようと？」

「俺はですネ、今大学の三年でですね、アルバイトでエキストラの人員整理やら灰皿の始末、弁当の配給やら、そらもう仕事の多《お》おうしてチャッチャクチャラですたい！　もうしろしゅうして！」

聞いていたオヤジさん、ニコニコと「君たちの話は日本語とは思えないな、博多もん同士か、良いなあ」……なぜかじんと来た。

ちょっと離れたところで二人の将来みたいなことを話したと思う。新開さんは大学を出たら自分だけの手で事業を興すのだと言っていた。

私はまったく覚えてなかったのだが、後に新開さんが言うには「今の俺は木下藤吉郎、懐でオヤジの草履を温める、万難を排してオヤジに仕える！」と……赤面の至り……。

「君の博多弁は良いねぇ」とオヤジさんに言われた新開さん、大いにテレて「今日は暑かですねぇ、あつかあ〜っ！」と大声で叫んだ。

オヤジさん、この博多弁をいたく気に入り、その日一日「あつかあ〜っ！」

「シャポー」のトレードマークの山高帽の庇《ひさし》の上に一九六七と書いてある。

クレージーキャッツの面々

初めてクレージーキャッツのメンバーと顔を合わせる日が来た。日劇公演のリハーサルの日である。

ハナ肇《はじめ》さんが付人たちとリハーサル室に入りました。クレージーのリーダーでドラムのハナさんはオヤジさんより二歳下の三十五。とは言えリーダーの貫禄十分、色浅黒く一見怖そうな親分肌の人物です。

クレージーキャッツのメンバー７人

続々と付人を従えたメンバーが集まってきます。谷《たに》啓《けい》さん、安田《やすだ》伸《しん》さん、石橋《いしばし》エータローさん、犬塚弘《いぬづかひろし》さん、桜井《さくらい》センリさん、あのテレビで見る大スターたちが私の目の前にいる……。

「今度俺んとこに来た松崎君だ、よろしくな」とオヤジさん。「松崎雅臣です、宜しくお願いします！」激しく頭を下げる私。ハナさんが声をかけてくださった。

「よう、お前が松崎か？　植木屋から聞いてたよ。博多だって？」「ハイッ、い、いなかもんですけん、な、なーんもわからんで、ばってんが一生懸命……あの……」

ハナさんはプッと吹き出しました。でも次の瞬間、ギュッと苦み走った親分の顔になり、「あのさ、一つ言っとくけどな、お前は植木屋んとこのボーヤかも知れんが、クレージーのリーダーはこの俺だ。俺のほうがエライの。まあ困ったことがあったらなんでも相談しな」

まるでガキ大将のようでした。鼻の穴を広げてピクピクさせて去って行きました。ハナさんの芸名の由来は、ポーカーなどで良い手が入ると必ず鼻の穴が開きピクピクするという噂でした。

谷さんは付人たちの一番の理解者でした。若者たちが考えたギャグの批評やアイデアをニコニコと優しく救いを入れてくれるのでした。

犬塚さんは温厚で真面目な紳士という感じです。

ある日、私に、

「君は博多と言ってたなあ、芸名を考えてやろう。どん・たくお」

私はこの名前が気に入っていつか芸名が付くほどの役者になれるのかなあ、と考えたものです。

安田さんは車好きで私がセールスマンをしていたということもあって、いつも私と車の話をしていました。私のことを大人扱いしてくれて「おい」とか「松崎」などと呼んだりしなかった。「まっちゃん」と呼んで本当に可愛がってもらった。

桜井さんは裏方さんやスタッフに対してとても優しい人でした。仕事が終わるとスタッフたちを連れてずいぶんと飲み歩いていたようです。

石橋さんはやたらめったら気が利いて、それでいてちょいと間の抜けた愛嬌のある人でした。

フジテレビの「おとなの漫画」の番組で、朝の社長室に次々と社員たちが入ってくるというコントをやった。石橋さんの時だけどうしてもドアが開かない。押して開くドアを一生懸命引いているから開かない。

ムキになってドアを引いて、結局バタンとセットを倒しちゃった。

生放送である……。

一生タダ働きの十三億八千万円負け

植木等師について四カ月、ようやくこの世界に慣れたころ、最初に行った映画の長期ロケがクレージーキャッツ主演の『ホラ吹き太閤記』でした。

一週間の予定で、静岡の御殿場まで私が運転して夜中に入り、朝八時開始の予定が朝から大雨、いや台風のような天気になって、結局一週間の予定が十日間ずーっと天気待ち。他のメンバーはパチンコに行ったり、昼間から酒を飲むとか麻雀をするとか、思わぬ休暇に結構楽しんでいたようでした。

ばってんオヤジさんは一滴も飲めないし趣味らしい趣味もなく、セコイ旅館で娯楽施設は何もない。それでも卓球台だけはありました。

「オイ、ピンポンやろうか」私はピンポンは得意だったが「イヤー、オヤジさん強いですね！」でまる一日。週刊誌でゴロゴロ一日、私のマッサージでゴロゴロ一日。

「将棋やろう」私は勝負事は一切知らんとです。今でも競輪競馬、麻雀パチンコ、将棋さえ知りません。「えーと全てこっちに動けましたっけ？」もう何もやることがないとです。そんなある日「ポーカーやろうか？」「全然知らないんです」「教えながらやろう」ということになりました。

「お前いくら賭けるの？」「じゃ五円でお願いします」「うーん、じゃあ俺は二十円だ」「……ダウン」こんな小規模なポーカーだったとです。

細かくやっているうちに面倒だから帳面でいこうということになり、少し気が大きくなって「いやー六百円も負けましたー！」。そのうち調子に乗って、

「よし！　千円お願いします」「なら二千円」「うーん二千五百！　その上に五千円」四、五日やってるうちにドンドン規模が大きくなり「えい、五万！」。「それじゃあ五十万でお願いします！」「じゃ俺は百万で行くよ」

……そろそろこの辺で精算しておこうかということになりました。オヤジさん帳面をしげしげと見て、

「おい君の負け十三億八千万円な！」「いやー負けましたね、負けた負けた、アハハハハ」どうせおおまんの遊びだと思って私が笑っていると「これで君は俺んとこで一生タダ働きだなあ」「いやー本当ですね、アッハハー！」。

まさか本気なはずがないと思いました。ところが月末になっても給料の出る気配がないとです。私はオヤジさんが本気で賭けの負けを一生かかって返させるつもりなのかと思い、全身の血がサーッと引きました。……本気だったのか……と。

二、三日たったある日奥さんが「松ちゃんゴメンゴメン、渡すの忘れてた」。「イヤーァ、あ、ありがとうございます……」ホッ！

これはきっと、修行中の身で博打なんかに手を出すなというオヤジさんの警告だったんだと今でも思うとります……。五十年も昔の話です。

犬のクソ処理の「前説」

博多座午前九時、私は一番乗りで到着した。まだ裏方さんも出演者も誰一人見当たらない。

私は素足でキレイに掃き清められた、緞帳《どんちょう》が上げてある舞台のセンターに立った。二千席の、今は静寂の客席をすみずみまで見渡し感慨にひたっていた。

と、遠い昔この劇場そっくりの東京日生劇場でのことを思い出した。

植木のオヤジさんに付いて半年ほどたったころ、テレビで「植木等ショー」の公開録画が始まった。私に前説を命じられた。本番前の時間つなぎ、セットチェンジの間、海千山千の常連客相手の「前説」は格好の勉強の場なのである。

チャンス到来！　私は張り切って素人時代宴会で受けたネタを披露した。やった！　かなり受けた。しかし五週目くらいになった時もうネタ切れで、「いいからまた最初からやっていけばわからないだろう」とオヤジさん。

受けネタばかりを使い回した。ところが……、客席から大声で「その話は前も聞いたぞ！」。ドキッとした。

声を聞いた瞬間、あがって声が出なかった。倒れてしまいそうだった。困ったなんてもんじゃない、仮病を使って本当に次回から休もうと思った。樹海があったら飛び込もうとも思った。

安アパートで頭を抱えている時フト思いついたのが、学者犬である。本番当日、オヤジさんには忘れ物をしたと断ってアパートに戻り、かねて餌を与えて馴《な》らしておいた近所のノラ公を無理やり捕まえて劇場に帰る。

さあ本番だ！　ボール紙に数字を書いたカードを用意して「ハイ、二足す二は？」。わかるはずがない。たまりかねて私が四つんばいになって「これでしょう」。これを何回も繰り返して「もうイヤ！」と泣く……はずだった。

胸が高鳴る。ところが、である。リハーサルの間はおとなしくしていた犬が、会場いっぱいの客に興奮状態に……。足突っ張らかして一歩たりとも前に進まない。

強引に抱えればキャンキャンとすごい声で鳴く。満場の客は薄汚いノラ公と名もないコメディアンとの格闘を見せつけられるハメになった。

スタッフが「もういい、引っ込め！」。それはそれで観客には受けたのだが……。

VTRが回りオヤジさんがスツールに腰掛けてテーマソングを唄う。〝夜空の星に〜〟ここまで唄ったオヤジさん「ちょっとストップ！　さっきの犬、クソしてるぞ！」。見ると、オヤジさんの真ん前に、こんもりとヤツのウンチがある。会場は大爆笑！

「松崎!!」オヤジさんの声に反射的に舞台に飛び出した私、

「スンマッセン！」

パッとその糞を手で掴んだ。素手である。しかも一度では掴みきれず二度三度とすくい、リノリュームの床に付いた残りカスも指でキレイに拭き取った。

その後のオヤジさんは誰かれかまわず笑いころげて、「松崎のヤツがサア、松崎がサアー！」ですと。


知らない、知らない！


小松という呼び名が仲間内で浸透したころ、私自身も植木等の付人兼運転手としてフットワークも良くなり、〝一日一回オヤジさんに誉められること〟を密かにスローガンにしておりました。

オヤジさんはたまぁに車の中でむつっとしていることもありました。そげなとき、退屈させんごとセールスマン時代の話ばするとです。

「強面の大男の課長が居ましてね、この人四十八歳。

『まつざーき、今月のノルマどうなってんだ！　もう二十八日だろうが、あと二日しかないんだぞ、二日で四台できるのか！』部屋中に届く大音声《だいおんじょう》！

するとと三十四歳の部長が耳をほじくりながら『丸山くーん！　大っきな声だねェ』。怒鳴られた課長、真っ青になって『どうもすみません、申し訳ございません』と平謝りしながら、

『みろ！　お前のおかげで叱られたじゃないか』。私をこわーい顔でにらみ、突然身をよじって『知らない、知らない』ってすねるんですよ」

オヤジさん、笑うこと笑うこと。車を運転しているので怒鳴っている課長とオカマになった課長の落差を精一杯の声色でやったとです。

あの頃の「シャボン玉ホリデー」は生放送で、何回リハーサルをしても出演者はピリピリ。そんな休憩時間のスタジオでオヤジさん、「ハナ！　小松の課長の話は面白いぜ」出演者、スタッフ全員いる前で「小松聞かせてやれ！」と笑みのムチが入った。

今度は身振り手振りを交え、課長になったり自分になったり部長になったり、突然なよなよ〜として「知らない、知らない」。

カメラさんも含めてみんな笑い転げて、特にディレクターの秋元さんに大ウケでありました。

翌週のこと、オヤジさん「君の出番があるぞ！」。

台本を見ると「そこへ小松登場、知らない知らないをやる！」。

その週の作者は谷啓さんでした。アイデアマンの谷さんは何本かシャボン玉の台本を書いていたが、この時私を大抜擢《ばってき》してくださったのでした。

スタジオに京都南禅寺の山門の上のセット、百日《ひゃくにち》かつらと物凄い隈取《くまど》りをして、ギンギンの衣装を着た。

そう歌舞伎の石川五右衛門が太いキセルを持って「あ、絶景かな、絶景かなぁ〜！」。パタン、パタン、パンと附け（効果音）に合わせて見得《みえ》を切るのだが、欄干《らんかん》から足を踏み外してズッコケてしまう。

「さっきお稽古《けいこ》したときは上手くいったのにィ……もう、知らない、知らない！」

秋元ディレクターは集中的にそのパターンをやらせました。放映のたび「あれは誰？」と問い合わせが殺到し、タイトルにも出ない付人のまんまレギュラーとなったとです。

それから間もなく、オヤジさん「君の芸名な、うちのお婆ちゃんが姓名判断に凝っててな」。オヤジさんが封筒の中から出して広げた紙には、毛筆の見事な字で「小松政夫」と書いてありました。

オヤジさんの打ち上げ

私もようやくこの芸能界の水に慣れ、少しずつ逞《たくま》しくなってきたように思いました。植木のオヤジさんの私生活は演じる役柄からは想像できないほど真面目で家族思いの人でした。そして酒が一滴も飲めんとです。正月に「お祝いですから」と猪口《ちょこ》を逆さまにして高台《こうだい》に私がふざけて酒を注いだら、舌の先をちょっと濡らしただけで年始に行くはずだったその日、息も絶え絶え寝込んでしまったのでした。

映画やテレビ番組が終わると必ず打ち上げがあるとです。東宝なら東宝が席を設けてやるのですが、オヤジさんの場合それとは別に身銭を切って、大道具さん、小道具さん、メイクさん、衣装さん、そういう裏方に携わっている人を死ぬほど飲ませようということを恒例にしとったとです。

当時植木等主演の映画は年に四、五本ありましたけん、裏方さんたちもそれを楽しみにしとりました。

ある時オヤジさんに言われたとです。

「今日は俺が運転するから、君は俺の代わりに飲んでな、大いに席を盛り上げてくれ」

「ハイ、喜んで！」

場所は東宝撮影所のいつもの料亭、約三十人押しかけて宴会が始まった。もう大騒ぎ、私もかつての宴会男ぶりを存分に発揮して、唄う踊る、みんなも大喜び。

「松！　一杯いけ」「ハイ！」「ワッカ回し、植木さんを頼んだぞ！」「ハイ！」

ワッカ回しとはつまりハンドル、運転手のことです。

「植木さん、松は良い男ですよう！」「松、飲め！」最後はオヤジさんも一緒になって「スーダラ節」の大合唱。「二次会行こう！」盛り上がるだけ盛り上がった。

「サァ行こう！　サァ行こう！　二次会の場所聞いたな？　よし行くぞー」

車は本当にオヤジさんが運転した。ヘタクソで私は助手席で小さくなって足をつっぱったり、ダッシュボードに手をかけて下を向き「私にやらせてください……」と何度もつぶやいた。

二次会の場所でまたドンチャン騒ぎ。そのうち「三次会行こう！」またオヤジさん「サァ行こう！」結局四次会……。

帰りがけはもう目がモーロウとしている。とにかくオヤジさんのサービス精神は凄いもんだった。嵐のあとのような車の中で「今日はご苦労さん。しかし君は酒が強いなあ」。強くないんです。オヤジさんが事故を起こさないよう必死に耐えてるだけなんです。オヤジさんは他の人にあいつは強いよと言われて、酒を飲んでも酔わないのが強いもんだと思ってたわけです。

しみじみとオヤジさんが言った。

「衣装の栗さんが言ってたぞ、あいつはいつも着付けを教えてくださいと俺が寝てる間に来ると。あいつは勉強してますよと。床山の健さんも松は良い根性してると。君が売れたらこの俺がどこにでも駆けつけてやるからな」

嬉しいはずなのに、助手席でハラハラしながら涙が出た。

サンマの塩焼き

喜劇役者は舞台を下りればコワモテで近寄りがたい人が意外に多いもんです。ところが植木のオヤジさんは相手が誰だろうと、画面で観るままの自然体で接していました。

千葉の山奥で映画のロケが四日も続いたときのこと。昼食は毎日同じような弁当です。三日もすればさすがに飽きてくる。

今でも当時ば思い出します。大根の煮付け、ちくわの揚げ物、鮭と言うけど鱒《ます》の焼き物、昆布の佃煮、たくあん少々。

さすがのオヤジさんも限界に達したのか、ぽろっとこげな事ば漏らしました。「あ〜サンマの塩焼きで飯が食いたいなぁ」その言い方の切実だったこと。

休憩時間、私は近くの集落へ出かけました。サンマを売っている魚屋か、スーパーマーケットのようなものはないかと思うたとです。

ところがまるっきりの山の中で、そんなところはない。仕方なく私は民家の戸ば叩きました。「すいません、すいません！」何事かと訝《いぶか》しそうな表情で顔を出す農家のオバさん。「すいません！　怪しい者ではございません。実は私、この近くで映画の撮影をしている者でございますが」「映画？」オバさんはますます訝しげに目を細めます。

「はい、東宝映画で植木等がすぐ近くでロケをしているのでございます」「アラー！　植木等、ホントに！」「ハイ、これがその台本でございまして」

私は持っていた台本をオバさんに渡しました。

「私は植木等の付人でありまして、植木がサンマを食べたいナァなどと贅沢《ぜいたく》を申しまして、どこかにとサンマを探しておる次第でございます」「サンマなら今朝買ってきたのがあるけど」「ありますか、いやー良かった！　すみませんがそのサンマ焼いてもらえませんでしょうか？　一緒にご飯も……」

無理にお願いしたとです。

「後ほどお金はお支払い致します。台本を担保に置いてまいりますから！」「お金なんかいらないいよ、私は植木さんの大ファンだから。本当に私が焼いたサンマを食べてくれるの？」

植木等とはそういう存在だったのです。塩焼きのサンマと炊きたてのご飯、それに味噌汁に胡瓜《きゅうり》の漬物まで作ってくれた。あの時のオバさん、本当に感謝しています。

私はそれを持ってオヤジさんのところに駆けつけました。

「オヤジさん、サンマの塩焼きです。あったかいうちにどうぞ」

「何、サンマ？」

その時の植木師の驚いた顔、そしてニカーと笑って一声「やるねぇ……」。オヤジさんはサンマを食べながら「これお金はどうした？」正直にオバさんの言葉を伝えると「それは駄目だよ！」。

ロケが終わって山を下りる途中、オヤジさんはそのオバさんの家にわざわざ寄って「こいつが無理を言ってすみません。でも美味しかったぁ」。そういう自然な接し方ができる人でした。

“したてにん”は“しょうにん”ですぜ

英国の有名なミステリー作家アガサ・クリスティの作品『マウストラップ』を日本で劇化。私も出演し慣れない翻訳劇に四苦八苦していた楽屋に、超珍しい人物が訪ねてきてくれた。

なんと、オヤジさんの付人を一緒にやっていた三日先輩の池田勝彦君であった。四十年ぶりに会った彼は見事な白髪で、当時と変わらぬコミカルな愛嬌のある人懐っこい楽しい大阪人でありました。

兄さんが経営する不動産会社の専務とのことでした。彼とはよく喧嘩もしたが、良きライバルでもありました。

昔話の頂点は、オヤジさんの台詞《せりふ》覚えば手伝うたときの話でした。

私と池田君はオヤジさんの相手役の台詞を読んで手伝うとです。これは役者として勉強になるばかりか、自分の力をオヤジさんに見てもらえるチャンスでもあるとです。

外での仕事を終え、夜中の一時ごろから明日の台詞を覚えるのです。大きなソファーにオヤジさんが寝そべり、その前の椅子に二人が座り本読みが始まります。

「この前は小松ちゃんだったたから僕だよ」

「いや、僕がやるって」

台本を引っ張り合う私たちをオヤジさんは眠そうな目で「代わり番こでやれ！」まるで子どもを叱るお父さんです。

結局、池田君が最初にやることになったとですが、池田君は愛想が良くて調子の良い割には一般常識にうといところがありました。

例えば私たち芸能界用語を知ったかぶりして使うもんやから、間違いが多い。「あ～たまにはスーシーでも食べたいな、スーシーでも」寿司を業界用語でひっくり返して言うたつもりが、ひっくり返ってない。

「先生知ってますか、小松ちゃんたらドフンはいてるんですよ」「ドフン？」「はあ、フンドシのことですけど」「それを言うならドシフンだろ！」

第一、私はフンドシなどしていない。そんな彼でしたから、本読みは笑わせてくれました。

「よし、じゃあ池田、前のセリフからやってくれ」「ハイ！」池田君が台本を持ってやおら読み始めます。

「あっ植木のおじちゃんだ！　おじちゃん……きょうは……きょうは？」

「ん？　どうしたんだ？」

今日は……の続きがなくて台本を見るオヤジさんの顔が引きつります。

「コンニチワだよ、馬鹿じゃねえの！」

しばらく読んでいると、また引っかかります。

「こいつぁどうも臭うなあ、親分このしたてにんは商人ですぜ！」

「したてにんは商人《しょうにん》ですぜ？　ウーン」

「ここに書いてありますよ、ホラ」

オヤジさん、台本ば見ます。

「したてにんじゃないよ、下手人《げしゅにん》！　しょうにんじゃない、商人《あきんど》！　このげしゅにんはあきんどですぜ」

「そうとも読むんですか？」

……彼がいたからこそ私も頑張れた……そう思っています。

楽屋暖簾の誇りと笑話

二〇一三年五月、私は名古屋中日劇場の楽屋に居る。美川憲一《みかわけんいち》初座長公演「おだまり！劇場」に参加していて、連日の猛稽古の末、幕が開いた。

この中日劇場は師・植木等の当たり役「名古屋嫁入り物語」で何度も一緒の舞台に立た

せていただいた思い出の劇場で、しかも今私が居るこの楽屋は師の決まりの部屋であった。入口の暖簾《のれん》はオヤジさんの直筆で「小松政夫さんへ、植木等より」と松崎家の家紋、左三つ巴が渋く収まって、私を優しく師が見つめてくれているように思える。

三十年ほど前「おれの筆の勢いがあるうちに書いてやらなきゃね」と……。私は植木の暖簾を分けてくれたんだと感激した。この暖簾は私の誇りである。

植木等直筆の著者の誇りの楽屋暖簾

昔、付人時代のある日「小松、ちょっと来い」とハナ肇さんに声をかけられて楽屋に行った。私は何かで叱られるのかと思って直立不動です。

「あのさ、今度の日劇でお前にぴったりの役があるんだよ」

その役とは、ショーの中で弘田《ひろた》三枝子《みえこ》さんの歌う「夢見るシャンソン人形」に合わせて、シャンソン人形の衣装を着たオヤジさんが登場。そのフワッと広がっているスカートの中に私が入っていて、オヤジさんの動きに合わせてスカートをぴょんぴょんはね上げる。

タイミングが合わなくなって、何かの弾みにスカートだけ残って、ステテコに下駄姿のオヤジさんが大慌てになる。さらにスカートの中から私が赤フン一本になって飛び出すという大役である。

すぐにリハーサルが始まった。私はクレージーのマネージャー高山さんに「今日はフンドシ一丁にならなきゃいけないので楽屋をいただけませんか？」。

たちまち高山さんの表情が変わった。

「バカヤロー、十年早いや！　便所でもどこでも行って着替えろ！」

私はトボトボとトイレに向かうたとですが、その途中に小さな給湯室を見つけたとです。

「あの～、高山さん、給湯室使っていいですか？」

「いいよ！」

よーし！　許可をもらったらこっちのもんだ。私は給湯室にゴザを敷き、入口に竹の棒を渡して、そこにバスタオルを二枚使って、楽屋暖簾みたいなものを作り、マジックインキで「小松政夫さん江、クレージーキャッツより」と書いたとです。

谷啓さんがのぞき嬉しそうに頷《うなず》き、犬塚さんが「あっ、先生の楽屋はこちらでしたか」とふざけて差し入れの餃子をくれたり、オヤジさんは大笑い。

そこにハナさんが通り掛かり「……ん？　これは何だ？」みるみる顔が赤くなり、「高山ーっ！」呼びつけられたマネージャー。

「お前は何考えてんだ！　今日は小松が大事な芝居をするんだ、ちゃんとした楽屋に入れろ！」

その一言で私はちゃんとした楽屋で着替えることができたとです。

暖簾で思い出した楽屋のお話です。

「飽食」日本の今昔

二〇二〇年の初めは、あらかじめ長めのＯＦＦをスケジュールに組んでいたので、ゆっくり休もうと外出もせず、台所と寝室を行ったり来たり、牛のよだれのように、「だらだら」と過ごしたのであります。

イヤ、一日の早いこと、朝メシ食ってウトウトしたらもう晩メシですたい。買いだめといた本ば腹いっぱい読んでやろうと枕元にうずたかく積んだとばってん、二、三分読んだら、グースカピーと自分の寝言で目の覚めて、朝〜！　てな毎日でありました。

久しぶりにテレビも観ました。ある日の土曜の午後の番組でした。

民放四局どこのチャンネルに合わせても、言わずもがなだが、同じ時間に食い物のロケと称する若いタレントさんたちがゾロゾロと……。

こっちはレストラン「トリュフ」がどうの、こっちの局はマグロは「大トロ」に限るだの、スキヤキは「神戸牛」だの。そのうえ箸《はし》の使い方もおぼつかない若い女子アナさんが、刺身を目より上に差し上げてパクリ。「ウン、ヤバイ！」ですと……。

それにしても「飽食」日本。今の若い人が羨《うらや》ましかぁ、と思います。

私が小学校二年生の時、給食が始まった。それは脱脂粉乳という臭いミルクだけでした。

その前はみんな弁当でありました。

弁当といっても、アルミのペラペラの弁当箱に梅干し一個の日の丸弁当。配給の塩クジラ一枚が麦メシの上に載っている者。蒸《ふ》かしたジャガイモ二個だけの者。

そんな時代、私のクラスに女生徒が転校してきた。みんな頭にDDT《デーデーテー》を撒《ま》かれ真っ白なのに、その子は赤いリボンを垂らし、タータンチェックのスカート、こともあろうに私の横の席にきまった。

弁当はおかず入れとご飯が別々の、白飯にオカズはなんとしらたきに焼き豆腐まで入っているスキヤキでありました。

それが毎日。他の生徒は、その子への羨望《せんぼう》から憎しみに変わって、横に座ってる私にイビレ、イビレと何かと挑発する。

挑発に乗った覚えはないが、ある日その子の母親がきつい香水をプンプンさせて学校に来た。

「あなたザマスか！」

当時珍しいアフロヘアのパーマで、妙に厚化粧のおばさんでありました。私の腕をむんずと摑み、何事か理解できない私を引きずるように自宅まで来て父親に抗議した。

「ああた様のお子様が、うちのお嬢を意地悪なさるので学校に行きたがらないザマス！よく教育なさりませ！」

父は顔色一つ変えず「それは申し訳ございません。よく言って聞かせます」

その母親が帰った時、私は殴られると思った。だが何の咎《とが》めもなかった。むしろ、私に微笑んでいるように見えた。父はその時ＰＴＡの会長だった。とっくにあの家庭のうわさが入っていたのかもしれない。父が台所に声をかけた。

「母さん！　今日はスキヤキにしようか！」

その子はすぐに転校した。

父のバリカンと本当の職人

私が四十歳のとき、芝居を見に来た家内が、

「フィナーレの時、頭を下げすぎると頭のテッペンのスカスカが目立つわよ」

「冗談言うな、私は子どもの時から毛が多くて有名だったんだ」

「滅びゆく大草原ということもあるし」

「まだ言うか、見通しが明るいと訂正しろ！」……。

思えば、生まれて中学を卒業するまでずーっと丸坊主でありました。小学生当時，高くてなかなか買えなかった手動式のバリカンで父親が刈るのです。

床屋さんに行けるのは大人だけ。子どもは皆、父ちゃんやら母ちゃんが髭剃《ひげそ》り用のカミソリで石鹼《せっけん》ぬすくってジョリジョリ剃り上げるとやけん、傷だらけのお寺の小坊主のような子どもが大勢おりました。

私の家は裕福なほうやったけん床屋に行かせてくれたらよかとに、父親が職人気取りでやりたがっただけのことやったとです。

私の首に白い大きな布を掛け、背の付いた椅子に座らせて、自慢のゾーリンゲンのカミソリ、革のベルトのカミソリ研ぎでシャッ、シャッ、シャッ。石鹼をたぬきのシッポで泡立てて、顔に塗って蒸しタオル。そこまでしますか？　私はうぶ毛の小学生ですばい。最後に目をつぶらされて眉《まゆげ》毛と目の間を剃るのである。怖くて目がプルプルと震える。

「じっとしとけ！」バシッ！

「えずか～」「動くな！」バシッ！……。

そして最悪の日が来た。私の髪が三センチまで伸びたのに親父が忘れていたらしい。いつもの禊《みそぎ》が始まった。

父ちゃん大張り切り！　頭のデコの真ん中からバリカンが入り始めた。

ジョキ、ジョキ、ジョ……「痛かぁーっ！」。

「あれ？」ジョ、ジョ、……キまでどうしても行かんとです。

私は七転八倒！　押してもひいても「ぎゃー痛かぁ！」。

父ちゃんバリカンから手を離し、ぶら下げてみたりしている。五分も続いたでしょうかね。

「しょんない、床屋へ行こう」オヤジがバリカン手で支え、私は前かがみの不自然な格好ですぐ近くなのに十分かかって床屋に着いた。

軽快な床屋の電気バリカン、初めて他人に頭を洗ってもらった心地よさ、天花粉《てんかふん》の匂い……。

現在、私が頭を任せている「床屋・なりおか」のみっちゃんとは五十五年の付き合いになる。彼以外に頭を触ってもらった人はいない。

植木等師の行きつけの店で、付人時代「君もやってもらいなさい」と初めて会ったのがみっちゃんだった。

みっちゃんこと、成岡道次氏はその店の次男坊で数々のコンテストで優勝した実力の理髪師であった。ある日私が言った。「みっちゃん、今日はこれから撮影で汚れ役だから頭洗い切りでいいからね」と言うと「あいよ」と言いながら、髪一本の乱れもなく仕上げようとする。

「もう、いいって」と言うと、

「頼む！　この店を一歩でも出たらくしゃくしゃにしてもいいから最後までやらせて。でないとお金を取れないいんだ。父の教えだ。頼む！」

うちの父とだいぶ違う。本当の職人を私は知っている。

別れの悲しさオーエンのボタン

今は埋め立てられて人工ビーチとなった、百道浜《ももちはま》。昔はれっきとした海水浴場でありました。沖には飛び込み台まであって、子どもにはなかなか勇気のいる距離でありました。

小学四年生だったと思う。いつものように飛び込み台まで必死に泳ぎ、ちょっと休んで息を整え陸に向かって泳ぎだした。

顔を海につけたまま闇雲《やみくも》に前進した。突然右手が何かにバシッと当たったような気がした。

「アヤマンシャイ！」

どうやら、泳いでいる近くの人の頭を叩いたらしい。

「すんまっしぇん」

そこには立ち泳ぎしながら頭を押さえてた金髪の外国人がいた。しかも私と同じくらいの歳。「ウン、ヨカヨ」と岸のほうへ猛然と泳ぎ帰った。

私はというと、アップ、アップと必死に陸に泳ぎ着いた。脱衣所ならぬ脱衣砂場へ這《は》いながら移動した。

海水パンツには母ちゃんが持たせてくれた、焼きそら豆の網袋をぶら下げて、ヨロヨロ。ヒョイと目を上げると、今でいうビーチパラソルと見たこともない大きなビーチマットに中年の美しい母親らしい女性と、海で叩いた金髪のあんちゃんが何やら食べながら、

「アンタ、サッキノ、ヤツヤロ？」

私も「あっ」。

金髪の少年は、女性と何やら英語。女性はニッコリ。

「コンニチワ、ワタシハ○△□×……」

英語で訳のわからん。そばに日本人のスーツ姿の若い通訳が、

「こちらはアメリカ福岡領事の奥様と坊ちゃんで、仲良しになってねと言っておられる」

「オレ、オーエン、タイ。アンタハ？」

「松崎雅臣、いやマサ坊」

おっかさんが何やら言いながら、黒い瓶と長細いパンをくれた。それが初めて見たコカ・コーラとホットドッグであった。

その日を境に毎週、土曜日曜は通訳兼運転手が私の自宅まで迎えに来て、大濠《おおほり》の領事館で二人で遊んだ。

兵隊ごっこ、チャンバラ、海に山にドライブ、基山《きやま》の草スキー、能古島へハイキング、誕生日会……。二人は兄弟のように過ごした。

……しかしある日突然、「トウキョウニ、イカナイカンゴトナッタ」とオーエン。

「なして？」

「パパノシゴト……」

あまりにも突然だった。博多駅に送りに行った。大勢の見送りにお父さんが握手して回ってた。オーエンと私は何も言わずに手を取り合っていた。

ベルが鳴った。

「イクケンネ！」

オーエンの涙を見た。私もポタッとこぼした。突然オーエンが着ていたオーバーのボタンを引きちぎり、私の手に握らせた。子どもながら、初めて別れの悲しさを知った。オーエン・ザヘーレン。

あれから六十五年以上たつ。失《な》くしたものと思っていたボタンがつい先日見つかった。父がいつも大事にしていた、見事なカニが二匹、蓋《ふた》に描かれた柿右衛門のタバコ入れがあった。

父が亡くなって私が東京に出るとき、こそっと隠し持ってきたそのタバコ入れがどこに紛れていたのか四十五年ぶりに見つかった。

その中にオーエンのボタンだけが入っていた。

サイパン島のチャチャイさん

エー、私、今、長～い忍耐の巣籠《すご》もり中であります。撮影中のドラマの中断を除いて、み～んなキャンセル。

家から一歩も出るな、ですげな。

ＮＨＫＢＳ「もうイヤ、こんな生活！」。

過去の私のギャグが、こんなところで生きるなんて「どーしてどうしてなの、おせえて！」……。

冗談はともかく、福岡名店百選会の皆さま、心よりお見舞い申し上げます。何か私でお力になるようでしたら、申しつけくださいさい。

それにしても籠城《ろうじょう》はつらい。好きな本を読むか、テレビばかり見ております。それで気の付いたとですばってん、外国ロケだらけですたいね。

若いタレントさんが気軽に出かけて、キャッキャッと屈託がない。

私が初めて外国ロケに行ったのは、四十八年前、英国はロンドンに「イギリス料理とは？」という本格的な教養番組でスタッフ五人でとても緊張して、簡単な英語を自習し国情を知り、食事のマナーまで勉強して行った。

何しろ英王室の方も来られる「コンノートホテル」で食事をするというのだ。

それからバラエティー番組のはしり、フジテレビで一九八一年十月から司会愛川欽也・楠田枝里子による海外情報番組、テレビの概念を変えた「なるほど！ザ・ワールド」が始まった。

解答者が代わり番こに海外で問題を取材してくるというものであった。その主な解答者は谷啓、坂本九《さかもときゅう》、小松政夫、熊谷真実、当時超売れっ子たちの憧れの番組だった。

私はこの番組で三十八カ国を回った……。忘れられない話もあった。

サイパン島に行ったときのこと。この頃は番組も大好調でスタッフも十五人ほどの大所帯。現地に着いたその日、ロケが始まる前にプロデューサーがスタッフを集めて、現地のコーディネーターを紹介した。

その彼は精悍《せいかん》で笑顔を絶やさない、初老のサイパン人だった。

「皆さん、今日はサイパンにようこそ！　私はチャチャイ・ランパハと申します」

まず皆驚いた。よどみのない完璧な日本語であった。

「行き渡りませんが、一生懸命大好きな日本の方のために頑張ります」

一同大拍手。「それでは出発しましょう」一同ぞろぞろと移動を始めたその時、チャチャイさん、

「ちょっと待ってください。あなた！　アロハシャツのボタンをはめてください。だらしないです。それから、あなたとあなた。ガムをクチャクチャ噛むのやめなさい！」

突然口調が変わった。

「日本は礼節を重んじる国です。日本にはガムをクチャクチャの習慣はないぞ！　あの崖はバンザイクリフといって、君たちのおじいさんやおばあさんが、米軍の捕虜になるなら死んだほうがましだと、万歳！　万歳！　と飛び降りた所だ！

気を付け！　皇居遥拝！　斉唱！

〽海行かば～　水漬《みづ》く屍《かばね》～、山行かば～、……山本先生……」

と砂浜に泣き崩れた。

体育会系の私は、直立不動でそばに居た。膝をついたまま私の手を握り、「山本先生は私の父なのだよ」と確かに言った。その意味はいまだにわからない。

新しい我が家〝せっせっせ〟

一九七一年（昭和四十六年）の春、私は新宿に越してきた。靖国通りに面した私がタクシーの乗り降りをする、家に帰る路地の角に妙に気になる店がありました。

その店から我が家のドアまで二分。〝せっせっせ〟飲み屋さんやろか……。ある日、どっかの帰りに思い切って扉を押した。

実に穏やかな声で「いらっしゃいませ」と二人の女性がカウンターの中から迎えてくれた。和服を着て真っ白い昔ながらの割烹着《かっぽうぎ》姿の、ふくよかに笑っている人。

そして情熱的で目のキラキラした市松人形のような清楚《せいそ》なエプロン姿の若い女性がいたのです。

母娘ということはすぐにわかった。母、芹田千鳥。娘、眞紀子。後で知った名前です。

カウンターの一番奥に座りました。

「何にしましょうか？」

「とりあえずビールを……」

「ハイ！」

ビールが来る間、素早く店の中を見渡した。狭いけど清潔でセンスの良い調度品、小ぶりの活け花に当たる照明。良い店に来たなと思った。一杯だけマキさんがビールを注いでくれた。

「どうぞ、小松さん」

ありゃりゃわかっとったとですか。「スンマッシェン」恥ずかしかった。

それからこの「せっせっせ」が我が家になった。仕事が終わると一直線。

「只今！」「お帰り」

二歳上のマキさんが「ドーラン落としたの」と何本もの熱いオシボリを渡してくれる。何よりも料理が温かく家庭的、水商売ぽくないお客への気遣い。でもマキさんはこうも言っていた。

「お客は店を選ぶ、店はお客を選んでもいいのではないか」

知らない人は断る「せっせっせ」の常連になった。

そんなある日、私がサイパンでロケがあり四泊ばかり行ってくると言うと、出発の二、三日前に私を残して店を早終《はやじま》いにして、真剣に向き合って頼まれた。

実はマキさんが二歳の時、お父さんがサイパンで玉砕した。名代《みょうだい》でお線香をあげて来てくれないか、ということであった。「心を込めて」と返事した。それを日本人より日本人らしい魂を持つサイパンのコーディネーター、チャチャイさんに相談した。チャチャイさん涙ぐみ「良い話ですね」とすぐに行動した。

サイパンには生花が少ないと言いながら、大きな花の輪を作り、すぐに沈まないように工夫してくれてバンザイクリフから投げ入れた。

慰霊塔でお線香をあげた。全部、チャチャイさんがカメラに収めてくれた。東京に帰ってから、報告と写真を渡した。

一週間ほどたってからでしたかね、店に行くと「小松さん、凄いことがあったのよ！」とマキさん。

実は今まで遺品というものが何もなかったのだが、厚生省からお父さんが生前奥さんと娘さん宛に作っていた預金通帳が出てきたと連絡がきたという。何十年もなしのつぶてだったのに。

私はこんな話、あまり信じない男なのに……。チャチャイさんに電話すると「ウォ……！」、一番泣いた。マキさんはその半年後、肺癌《はいがん》で去った。

二つの〝情助《じょうすけ》〟譚《たん》

小林旭《こばやしあきら》の自動車ショー歌。〽あの娘《こ》をペットにしたくって、ニッサンするのはパッカード、骨のずいまでシボレーで、あとでひじてつクラウンさ、ジャガジャガのむのもフォドフォドに、ここらで止めてもいいコロナ……。

新聞は二紙取っているが、もっと情報を知りたくてコンビニで朝刊を四紙買い求めた。その中にコロナ情報でない、私の心に響くコラムがあった。

終電まぎわの列車に揺られ、ＪＲ長崎線佐賀の自宅に帰る途中のＳさん。近くに座っていた六十代くらいの男女。夫婦だろうか、二人で携帯電話を見つめている。

「電話したほうがよかよ」「人の迷惑になる、駅についてからでよかやん」夫の父親が危《き》篤《とく》で駆けつけようとしている。でも間に合わないかもしれない。そんな状況が車中の乗客に伝わってきた。

四十代くらいの女性が近づいた。「電話したほうがいいですよ」周りの乗客も大きくうなずく。

恐縮しながら夫が携帯に耳を当てた。「親父が一生懸命働いてくれたけん、少しもひもじい思いばせんかった。ありがとう」語りかける言葉も車内に聞こえた。

駅に着くと夫婦は周囲に丁寧に頭を下げて降りて行った。

これを読んで私はジーンと涙が出た。そして六十八年も前の、この話によく似た自分のことを思い出した。

市電姪浜《めいのはま》線の東中洲駅から馬出《まいだし》九大病院前まで父の薬をもらいに一人で乗った。十人ほどの客で車内はすいていた。

吊り革の向かい合わせの座席にお腹の大きな女性が旦那さんらしき人の膝枕でフー、フー、と苦しそうであった。

「大丈夫や？　もう少したい」

「あんた痛かぁ！」

夫は一生懸命背中をさすってやっている。奥さんは悲鳴に変わった。中年の女性が二人の前にかがみ込んだ。

「私は看護婦です。このままでは危険です！　奥さんは破水しています」

十歳の私にも、赤ちゃんが生まれるということがわかった。車掌が飛んできて事情を把握した。

「要は一分でも一秒でも早く病院に着くこと！」と看護婦さん。

車掌が運転席に走った。客のおばあさんが通路に座り込んで「私の手ばしっかり握り。痛みの和らぐけん」「あ、ありが……とう……ございます」。旦那はオロオロするばかり。

看護婦さんの介護、他の客もそれぞれ「私のすることはないか」と聞いている。

車掌が走ってきた。「九大病院まで駅五つです。皆さんがよければ通過して走ります、それでよかでしょうか？」

皆、大拍手！

電車が着いた。客席の長いシートを担架代わりに手術室まで運んだ。私も大人に混じって、オイサッ、オイサッ。乗客は誰一人帰らなかった。

旦那が走ってきた。涙をポロポロこぼしながら、

「皆さんのおかげで無事男の子が生まれました。妻の発案で、皆さんのお情けで助けてもろうた子やけん〝情助《じょうすけ》〟とつけさせていただきました」

夕暮れの電停は笑いが絶えなかった。

「あ、父ちゃんの薬ばもらうと忘れた」私はすぐ恐怖に変わった。

男で死にたい

二〇二〇年はほんなごとコロナ、コロナ、コロナで日本中がちゃっちゃくちゃらですたいね。どんたくの無か、山笠の無か博多が考えられますな！

私も仕事は中止、キャンセルでご多分に洩れず座敷牢に監禁状態！

まあ、おかげで何年も女房殿にも触らせなかった、私の寝室兼、居間兼、資料室兼の足

の踏み場もないゴミ屋敷ば、少しずつ整理してみようと思うたことが最大の恩恵ではありました。

もう演じることもない古い台本、新聞記事、おびただしいＶＴＲ。二度とやることもないだろうゴルフバッグの数々！

ばってん、一つ一つに思い出のあるけん、どうしても整理のつかんとです。

でもしかし、そのなかで大変貴重な物を見つけました。丁寧に綺麗な封筒に入った葉書の束でありました。それは博多二中の国語教諭、磯辺哲英先生からの葉書の数々でありました。

「おい、お前やぁ松崎やないか？」

「あっ、磯辺先生！」

夜の中洲のド真ん中で、五、六人の人たちを従えて「久しぶりやったなぁ、博多で仕事や？」。

すると連れの人たち、異口同音に「あっ、小松政夫やが！」先生、得意顔。

「こいつはおれの教え子たい。本名松崎まさのり！　頑張りようなァ、まさのり」力一杯ハグされた。

「先生、お久しぶりです！　松崎まさ、まさおみです」

「そうそう、まさのり！」

みんなで飲みに行こうという先生に、今日は連れがいるのでと、その日は名刺交換でお別れした。大変ユニークな先生で、また、私が一番忘れてはならない恩人でもありました。

ある授業の日、「今日は半分自習で半分漢字の書き取り試験、教科書の一〇ページから二〇ページまで覚えやい。そっから出るじぇ」そう言ったきり、自分は教卓に座りせっせと週刊誌を読み耽《ふけ》った。

週刊誌が大好きな先生だった。

「ハイ時間！」

答案用紙をさっさと配り、残り時間で赤鉛筆で採点して返すのである。その早いこと。

「今日のいっちゃん（一番）は松崎！　八十五点！」

ウソ、なーんも書いとらんところに二問も丸がついていた。

「先生、あの……」

「なんかぁ、文句のあるなら職員室ぃ来い！」

博多二中を卒業する頃、私は一生の岐路に立ちました。八人の家族を残し父が逝き、高校進学は諦めてほしいという母のことを担任でもない磯辺先生が知り、働きながら高校だけは出たほうがいいと福高定時制を勧め、萬盛堂さんにお世話になる前の当面の間先生の知り合いの会社に頼んでくれもされた。

中洲で逢ったその日から、月に一度の割合で葉書をいただいた。冒頭はいつも「何の用もないのです」だった。

「『前略おふくろ様』は素晴らしい演技だった」とかが何十枚。

そして最後の葉書に「何の用もないのです。大岡越前の役と言いながら君の死に様に泣きました。入院中です。男で死にたいと思いました」

葉書の万年筆の字が、所々ににじんでいるように見えた。最後の私への宛先は「松崎雅臣様」とあった。

初出誌「月刊はかた」（二〇〇八年五月～二〇二〇年一二月）
JASRAC 出 2104187-101

著者略歴

一九四二年、福岡県博多に生まれる。一九歳のとき、役者を目指して上京。その後、数多くの転職を重ね、横浜トヨペットでトップセールスマンになるが、一九六四年にクレージーキャッツの植木等の付き人兼運転手の募集に応募、六〇〇人の中から選ばれる。

その後、コメディアンとして、日本テレビの「シャボン玉ホリデー」でテレビデビュー、初舞台はクレージーキャッツの日劇公演。大ヒットした芸には「淀川長治」「電線音頭」「しらけ鳥音頭」「タコフン音頭」「小松の親分さん」など多数。映画も「モルエラニの霧の中」「めぐみへの誓い」「麻雀放浪記２０２０」「世界でいちばん長い写真」など多数出演。二〇一一年に日本喜劇人協会一〇代目会長に選出される。

二〇二〇年一二月七日逝去。

著書には『のぼせもんやけん』(竹書房)、『昭和と師弟愛　植木等と歩いた43年』(ＫＡＤＯＫＡＷＡ)、『ひょうげもん』『みーんなほんなごと！』(以上、さくら舎)などがある。

あんたはエライ！

二〇二一年六月七日　第一刷発行

著者　小《こ》松《まつ》政《まさ》夫《お》
発行者　古屋信吾
発行所　株式会社さくら舎　http://www.sakurasha.com
東京都千代田区富士見一-二-一一　〒一〇二-〇〇七一
電話　営業　〇三-五二一一-六五三三　ＦＡＸ　〇三-五二一一-六四八一
編集　〇三-五二一一-六四八〇
振替　〇〇一九〇-八-四〇二〇六〇
装丁　石間　淳
印刷・製本　中央精版印刷株式会社

ISBN978-4-86581-299-2